30 Wanderungen für die Kleinsten

MiNiS auf Tour
vom Tegernsee
bis zur Zugspitze

**Mit Kinderwagen, Kraxe und zu Fuß unterwegs
auf spannenden Wegen**

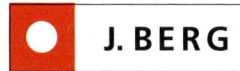

J. BERG

Inhalt

15 Barfußpfad Penzberg

18 Moorerlebnispfad Benediktbeuern

27 Naturerlebnispfad Weißach in Kreuth

20 Kräuter-Erlebnispark Bad Heilbrunn

Tourenüberblick

Tour	km (Weglänge)	(Höhenunterschied)	(Gehzeit)	Alter
1 Eibsee	7 km	60 m	2 Std.	ab 3–4
2 Spaziergang an der Linder zum Schloss Linderhof	4 km	40 m	1 Std.	ab 2–3
3 Soier See	2,5 km	40 m	1 Std.	ab 1–2
4 Sagenhafter Bergwald Grainau	3,4 km	210 m	1:30 Std.	ab 4
5 Ruine Werdenfels	3,4 km	170 m	1 Std.	ab 3–4
6 Kochelberg-Alm	3 km	150 m	40 Min.	ab 2–3
7 Bohlenweg im Murnauer Moos	4 km	40 m	1 Std.	ab 3–4
8 Königsweg in Murnau	2 km	100 m	45 Min.	ab 2–3
9 Barfußwanderweg Mittenwald	1,6 km	150 m	1 Std.	ab 2–3
10 Lautersee	5 km	90 m	1:30 Std.	ab 3–4
11 Walderlebnispfad Mittenwald	2 km	40 m	45 Min.	ab 2–3
12 Leutascher Geisterklamm	4,5 km	170 m	1:30 Std.	ab 4
13 Flößerspielplatz Krün	beliebig	beliebig	beliebig	alle
14 Herzogstand	4 km	170 m	1:15 Std.	ab 3–4
15 Barfußpfad Penzberg	1,5 km	30 m	45 Min.	ab 2–3
16 Lainbachwasserfall bei Kochel am See	4,5 km	170 m	1:15 Std.	ab 4
17 Erlebnispfade Benediktbeuern	3 km	10 m	50 Min.	ab 1–2
18 Moorerlebnispfad Benediktbeuern	6 km	10 m	2 Std.	ab 2–3
19 Walderlebnispfad Wolfratshausen	2 km	170 m	1:30 Std.	ab 3–4
20 Kräuter-Erlebnispark Bad Heilbrunn	1 km	40 m	30 Min.	ab 1–2
21 Ahornboden	2 km	20 m	40 Min.	ab 1–2
22 Reiseralm	3,8 km	200 m	1 Std.	ab 3–4
23 Waldherr-Alm	2 km	50 m	30 Min.	ab 1–2
24 Isarpyramiden	2 km	20 m	40 Min.	ab 1–2
25 Spielplatz-Hopping in Bad Tölz	3,5 km	100 m	1 Std.	ab 2–3
26 Kirchsee	4 km	70 m	1 Std.	ab 2–3
27 Naturerlebnispfad Weißach in Kreuth	7,2 km	60 m	1:30 Std.	ab 2–3
28 Tegernseer Höhenweg	4,5 km	100 m	1:15 Std.	ab 3–4
29 Alm-Hopping in den Bergen	2 km	150 m	50 Min.	ab 3–4
30 Valley – an der Mangfall entlang	3,8 km	100 m	1:30 Std.	ab 3–4

Legende

 Weglänge   Alter   Tiere   Baden

 Höhenunterschied   Laufrad   Spielplatz   Aussicht

 Gehzeit   Kinderwagengeeignet Besichtigung draußen   Wintergeeignet

 Einkehr Besichtigung drinnen

Über die Touren in diesem Buch

Touren für die ganze Familie

Die Tourenauswahl in unserem Wanderführer »Minis auf Tour« richtet sich in erster Linie an Familien mit kleineren Kindern. Mithilfe einer Kraxe (Rückentrage) oder auch anderen Tragehilfen sind alle Touren sehr gut zu bewältigen, die meisten auch mit einem (geländegängigen) Kinderwagen. Gerade für Laufanfänger sind einige ganz kurze Touren mit dabei. Für die älteren Minis gibt es aber auch mehrere anspruchsvollere Wanderungen. Omas und Opas werden genauso Freude an den Touren haben,

Holzknechtrast an der Linder

da die meisten Wanderungen hinsichtlich Länge, Höhenmetern und Gehzeit genauso gut auch von älteren Menschen zu bewältigen sind.

Die Touren sind so ausgesucht, dass für die Minis ein interessantes und spannendes Ziel in Aussicht gestellt werden kann. Bei

Linke Seite: Kletterpfade am Eibsee

»Mensch Papa, da oben ist der Vogel.«

nahezu der Hälfte der Wanderungen ist ein Spielplatz auf dem Weg oder in der Nähe. Andere Touren haben eine Art »Naturspielplatz«, beispielsweise einen Wasserfall, eine spektakuläre Hängebrücke, ein Moorschiff, einen Beobachtungssturm, interessante Bäume und vieles mehr.

Kartenlegende

- Wandertour mit Laufrichtung
- Tourenvariante
- A E Ausgangs-/ Endpunkt der Tour
- Bahnlinie mit Bahnhof
- S-Bahn
- Tunnel
- Seilbahn, Gondelbahn
- Bushaltestelle
- Parkmöglichkeit
- Hafen
- Autofähre
- Personenfähre
- Flugplatz
- Kirche/Kloster
- Burg/Schloss/Ruine
- Wegkreuz
- Denkmal
- Turm
- Windmühle, Mühle
- NSG Naturschutzgebiet
- Hotel, Gasthof, Restaurant
- Jausenstation
- Schutzhütte, Berggasthof (Sommer/Winter)
- Schutzhütte, Berggasthof (Sommer)
- Unterstand
- Grillplatz
- Jugendherberge
- Campingplatz
- Information
- Museum
- Bademöglichkeit
- Bootsverleih
- Wildpark
- Minigolf
- Bergwerk
- Höhle
- Sehenswürdigkeit
- Ausgrabung
- Kinderspielplatz
- Trimmpfad
- schöne Aussicht
- Aussichtsturm
- Wasserfall

Anfahrt

Zu jeder Tour gibt es eine allgemeine Anfahrtsbeschreibung. Zusätzlich sind die genauen Adressdaten erwähnt, mit denen das Navigationsgerät den Ausgangspunkt schnell findet.

Anforderung

Die meisten Wege sind relativ leicht zu begehen. Unsere mittlerweile siebenjährige Tochter hat alle Touren ohne Weiteres bewältigt. Auch unsere vierjährige Tochter hat nahezu alle Touren (bis auf wenige Ausnahmen mit Papas Hilfe) geschafft. Anspruchsvollere Touren sind als solche gekennzeichnet.

Gehzeiten

Die angegebenen Gehzeiten sind als Gesamtzeit zu verstehen, umfassen somit den Hin- und Rückweg. Bedenken Sie jedoch, dass diese Zeiten wirklich sehr individuell sind. Manchmal dauern die Touren länger, weil die Minis noch nicht richtig ausge-

Am Flößerspielplatz in Krün

schlafen sind, noch länger spielen, Steine werfen, Steintürmchen bauen, im Wasser planschen möchten oder einfach noch keine Zeit zum Weitergehen haben. Verstehen Sie daher die angegebenen Zeiten eher als grobe Richtlinie und planen Sie ausreichend Zeit ein. Denn Touren, die wegen Zeitdruck beendet werden müssen, enden bei Kindern oft mit Tränen oder Unverständnis.

Tragehilfen

Mit Tragehilfen sind Sie bei Wanderungen am flexibelsten und können damit fast alle Wege begehen. Bitte benutzen Sie die jeweilige Tragehilfe das erste Mal bei kürzeren Spaziergängen in der Nähe Ihrer Wohnung oder sogar in Ihrer Wohnung, da man nie genau weiß, wie die Kleinen sich in den ungewohnten Gerätschaften verhalten (unsere Große wollte beispielsweise partout nicht in die Kraxe). Ansonsten sind der Fantasie bei der großen Auswahl keine Grenzen gesetzt. Wir sind im ersten Jahr sehr gut mit dem Tragetuch zurechtgekommen, und hier waren auch

Vogelbeobachtung in Benediktbeuern

unsere Kinder am entspanntesten. Danach saßen die Kinder in der Kraxe, auf den Schultern vom Papa, und sie sind kürzere Touren bald schon selbst gelaufen. Egal, für welche Tragehilfe Sie sich entscheiden, höhenverstellbare Wanderstöcke sind sehr hilfreich, bei unwegsameren, steilen Wegen sogar fast unabdingbar. Achten Sie bitte ebenfalls darauf, gutes Schuhwerk mit einem festen, griffigen Profil zu tragen.

»Guck mal! So schön ist es hier an der Linder!«

Ausrüstung und Gepäck

Bei kleineren Kindern reichen zunächst noch Turnschuhe aus. Unsere Tochter wollte aber bereits mit drei Jahren »auch solche Wanderstiefel wie ihr«. Achten Sie hier auf gut sitzende Schuhe, die über die Knöchel gehen. So sind kleine Füße vor dem Umknicken selbst auf unebeneren Wegen gut geschützt.
Kleine Blessuren gehören einfach zum Wandern mit dazu. Packen Sie daher immer ein Notfallset mit Pflastern und Wundspray in den Rucksack. Ein guter, ergonomischer Rucksack für alle notwendigen Utensilien ist natürlich Pflicht. Achten Sie darauf, dass er gut auf den Hüften aufsitzt, da es doch ab und zu passieren kann, dass Ihre Schultern als Sitzplatz für die Minis herhalten müssen.

Gerne nehmen auch die Minis bereits einen eigenen Rucksack mit. In dem muss nicht viel drin sein (z. B. eine Banane oder ähnlich Leichtes). Das Kind bekommt so das Gefühl, selbst ein richtiger Wanderer zu sein.

Auch Kraxen sollten gut sitzen und zusätzlich zum Kind nicht übermäßig beladen werden. Der Papa soll ja schließlich ebenfalls noch Spaß am Wandern haben. Wichtig ist auch das Wickelset, insbesondere eine feste und gut isolierte Unterlage, falls mitten auf dem Weg ein größeres Geschäft passiert.

Proviant

Proviant ist manchmal eine gute Möglichkeit, Kinder zum Weiterlaufen zu motivieren. Entweder mit dem Suchspiel »Wo ist die nächste Bank, dort gibt es was zu essen, zu trinken, eine Süßigkeit!« oder, als kurzer Motivationsschub, immer mal wieder mit Gummibärchen, Bonbons, Früchten usw. zur Aufmunterung. Was in die Brotzeitbox kommt, entscheiden Sie am besten nach dem eigenen Geschmack bzw. nach dem Geschmack Ihres Kindes. Wir haben immer diverse mundgerechte Früchte-, Gemüse- und Käsestückchen oder Wiener dabei und sind damit sehr gut gefahren. Natürlich motiviert auch die Aussicht auf eine Limo, ein Eis, ein Stück Kuchen oder ein kühles Radler, was auch sehr gut bei Papas wirkt.

Unterhaltung für die Minis: Spiele und Abwechslung am Wegesrand

Irgendwann fallen sicher einmal die Sätze »Ich kann nicht mehr!«, »Ich mag nicht mehr!« oder »Ist es noch weit?« Kinder benötigen immer wieder mal eine kleine Abwechslung bzw. Ermunterung zum Weiterlaufen. Wir haben hier einige Tipps zusammengestellt, die hoffentlich für Spannung und Motivation sorgen.

Eine einfache Möglichkeit ist es, den Weg mit einzubeziehen und kleine Suchspiele zu veranstalten, z. B. den Klassiker »Ich sehe was, was du nicht siehst«, »Wer entdeckt als Erstes einen Pilz, einen Wanderer, ein Tier usw.?« oder »Wer sieht als Erstes etwas Rotes, Gelbes oder sogar Blaues?«

Gerade für kleinere Kinder ist es spannend, wenn sie kleine »Schätze« auf dem Weg finden (die z. B. der Papa vorher unbemerkt fallen gelassen hat).

Linke Seite: Flitzen im weichen Gras macht Spaß.

13

● Auch Singen lenkt schnell ab. Unsere Kinder können beispielsweise den Reim »Ein Hut, ein Stock, ein Damenunterrock … und vorwärts, rückwärts, Seite, rein, Hackespitze, hoch das Bein!« beliebig oft wiederholen und finden ihn selbst nach dem (für uns) gefühlten hundertsten Mal noch prima.

● Verstecken spielen … Unsere Töchter finden es super, wenn sie ein kleines Stück vorauslaufen und sich verstecken dürfen.

● Großen Spaß macht es natürlich, mit Steinen zu spielen – Steine in den Fluss oder Bach zu werfen, Türme aus Steinen bauen oder versuchen, ein bestimmtes Ziel zu treffen.

● Veranstalten Sie doch mal einen Zapfen-Weitwurf-Wettbewerb oder versuchen Sie aus drei bis vier Metern Entfernung einen Baumstamm zu treffen.

● Wer entdeckt den ältesten Baum? Zählen Sie gemeinsam mit Ihren Kindern die Jahresringe eines gefällten Baumes.

● Größere Kinder können auch schon Forscher spielen. Geben Sie ihnen vor der Wanderung beispielsweise einen kleinen Zettel, auf dem verschiedenste Dinge abgebildet oder aufgeschrieben sind. Diese dürfen die Kinder während der Wanderung sammeln (z. B. einen Stein, einen Zapfen, eine Blume, ein Stück Rinde, ein leeres Schneckenhaus usw.).

● Auch auf Tierspuren-Suche können die Minis gehen. So kann selbst ein Spaziergang bei feuchtem Wetter zum Erlebnis werden, da ihre Spuren auf der nassen Erde gut sichtbar sind. Zählen Sie gemeinsam, wie viele Spuren Sie finden.

● Machen Sie die Minis auch auf Staunenswertes in der Natur aufmerksam, das können unterschiedliche Blätterformen oder Wurzelgebilde, faszinierende Blumen, Hexenringe etc. sein. Meist fallen diese den Kleinen selbst auf.

● Wie wäre es, unterwegs ein Natur-Mandala zu gestalten?

● Versuchen Sie doch einmal, die Minis zur Ruhe anzuhalten (schwierig!) und auf die verschiedensten Geräusche der Natur zu achten. Gehen Sie gemeinsam auf »Sinnes-Suche«: Was hören Sie? Wonach riecht es?

Eine weitere Möglichkeit wäre auch, ein Seil mitzunehmen und mal eine kurze Zeit »Pferdchen« zu spielen.

Ein praktischer Begleiter auf Spaziergängen und Wanderungen ist eine einfache Lupe oder eine Becherlupe. Damit können die Minis winzige Tierchen im Gras oder im Wald beobachten und entdecken.

»Grad hab' ich den Vogel noch gesehen.«

Der Wald ist wie eine riesige Schatzkiste: Hier findet man jede Menge Material zum Basteln, Spielen oder sogar zum Kochen (Wie wäre es mit Bärlauch-Pesto? Oder frittierten Brennnesselblättern? Probieren Sie es aus.). Daher sollten Sie stets einen Beutel zum Sammeln dabeihaben.

Die größte Motivation jedoch sind Kinder. Kinder motivieren sich in wunderbarer Weise gegenseitig und spornen sich an. Also, warum nicht mal gemeinsam mit den Freunden wandern?

15

Pritscheln und Balancieren
in Bad Heilbrunn

Los geht's ins
Mini-Abenteuer

1 Eibsee

Smaragdgrünes Juwel am Fuß der Zugspitze

| leicht | 7 km | 60 m | 2 Std. |

Tourencharakter
Wanderweg; geeignet für Kraxe, Tuch, zu Fuß (ab 3–4 Jahren), für Kinderwagen und Laufrad

Anfahrt
A 95 München–Garmisch bis zum Autobahnende, über die B 2 Garmisch-Partenkirchen nach Grainau, dort der Ausschilderung Eibseebahn folgen

Navigationsangabe
Am Eibsee 6, 82491 Grainau (GPS-Daten 47.457216, 10.991531)

Ausgangs-/Endpunkt
Parkplatz an der Talstation der Zugspitz-Seilbahn

Karte
Wanderkarte 1:50000, WK 6 Alpenwelt Karwendel (Kompass)

Einkehr
Eibsee-Alm, Seefeldweg 5, 82491 Grainau, Tel. 08821/82411, www.eibsee.de

Wickelmöglichkeit
In der Natur oder in der Alm

Information
Tourist-Info Grainau, Parkweg 8, 82491 Grainau, Tel. 08821/981850, www.grainau.de

Den Eibsee mit seinem klaren, grün getönten Wasser von oben kennt man von unzähligen Postkarten und Fotos. Aber auch vom Ufer hat man wunderschöne Ausblicke auf die Zugspitze, den höchsten Berg Deutschlands. Die Tour ist flexibel – entweder man umrundet den See komplett oder geht nur bis zur Seespitze und fährt mit dem Motorboot »Reserl« wieder zurück.

Die Tour startet an der Talstation der Eibseebahn. Hier muss man sich auch gleich entscheiden, ob man die kürzere Tourvariante mit einer Bootsfahrt wählt oder den See komplett zu Fuß erkundet bzw. umrundet.

Lotta: »Ich kann die Zugspitze sehen.«

Das Motorboot, die »Reserl« (die nur in den Sommermonaten verkehrt, Info unter www.eibsee.de) startet am Bootsverleih und pendelt von dort zur Bedarfshaltestelle Seespitz und wieder zurück. Die Haltestelle liegt am südlichen Ufer des Sees. Möchte man den Eibsee zu Fuß entdecken, geht

man am Startpunkt links und folgt immer dem gut ausgebauten Rundweg um den See. Das Nordufer besticht durch einen mystischen Bergwald und Felsen, die direkt neben dem Weg aus dem Waldboden wachsen. Nach etwa zweieinhalb Kilometern erreicht man schließlich die Haltestelle Seespitz. Kurz darauf biegt der Weg links um den See ab, und langsam eröffnet sich uns der Blick auf die majestätisch aufragende Zugspitze sowie das Wettersteingebirge. Dieser Ausblick begleitet uns das gesamte Nordufer des Eibsees entlang. Kurz bevor wir das bebaute Ostufer des Eibsees erreichen, überqueren wir eine Brücke. Von hier aus eröffnet sich der Blick auf den Untersee, der nahezu komplett vom Rest des Eibsees abgetrennt ist. Zudem hat man von dieser Stelle aus einen fantastischen Blick auf das Zugspitzmassiv sowie die Eibseebahn. Nun ist es nur noch ein kurzes Stück, bis wir wieder am Ausgangspunkt sind und die Eibsee-Alm mit großem Kinderspielplatz zur verdienten Einkehr einlädt.

Auf dem See

Wie wäre es mit einer Tret- oder Ruderbootfahrt über den Eibsee?

Linke Seite: Nachmittagsstimmung am Eibsee
Oben: Laufrad-geeignete Wege am Eibsee

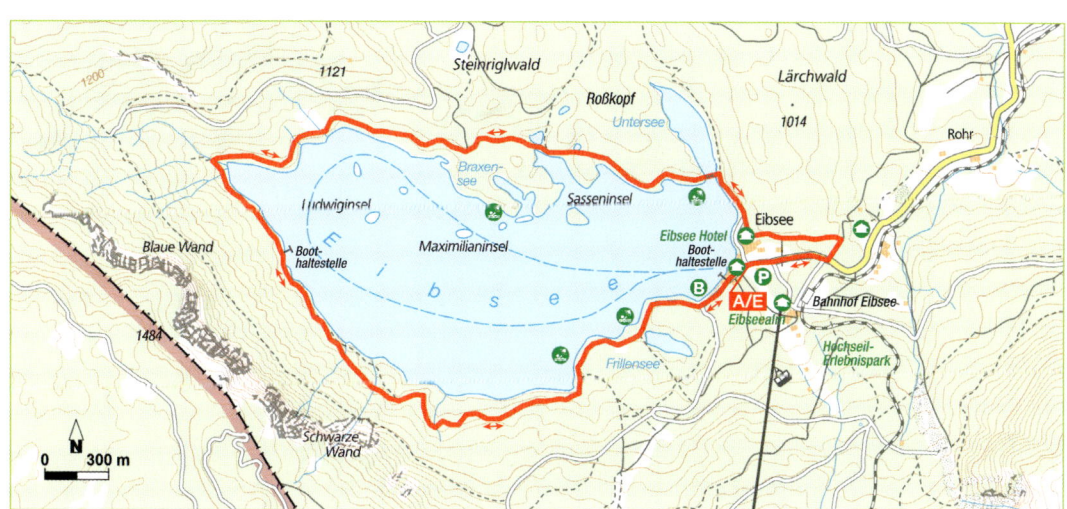

Die bayrische, kleine Seejungfrau

2 Spaziergang an der Linder zum Schloss Linderhof

Auf ungewohnten Wegen zu König Ludwig II.

| leicht | 4 km | 40 m | 1 Std. |

Tourencharakter
Forststraße; geeignet für Kraxe, Tuch, zu Fuß (ab 2–3 Jahren), für Sportkinderwagen und Laufrad geeignet

Anfahrt
A 95 München–Garmisch bis zum Autobahnende, über die B 2 nach Oberau, dort über die B 23 nach Ettal, Ausschilderung Schloss Linderhof folgen, nach dem Schloss noch ca. 1,8 km bis zum Parkplatz

Navigationsangabe
Parkplatz Sägertal (GPS-Daten 47.562439, 10.935393)

Ausgangs-/Endpunkt
Parkplatz Sägertal

Karte
Wanderkarte 1:50 000, WK 6 Alpenwelt Karwendel (Kompass)

Einkehr
Unterwegs keine; Gröbl-Alm, Am Raut 1, 82488 Graswang, Tel. 08822/6434, www.groebl-alm.de

Wickelmöglichkeit
In der Natur, im Schlosspark oder in der Alm

Information
Tourist-Info Ettal, Ammergauer Straße 8, 82488 Ettal, Tel. 08822/92 36 34, www.ammergauer-alpen.de

An König Ludwigs Sehnsuchtsort laden nicht nur der Park und das Schloss zu einem Besuch ein, auch die Linder und der abwechslungsreiche Weg zu den Sehenswürdigkeiten sorgen für manche Überraschung.

Unser Spaziergang startet am Wanderparkplatz Sägertal. Nach einigen Metern überqueren wir die Linder über eine Brücke. An der Brücke kann man auch direkt kurz an den Fluss gehen und Steine werfen oder Steintürme bauen. Ganz mutige Minis können durchaus auch mal ihren Fuß oder die Hand in das kalte Wasser der Linder halten. Direkt nach der Brücke biegen wir rechts in eine gut ausgebaute Forststraße ab (Achtung: Wir sind auf diesem Weg einigen Radfahrern begegnet). Dieser Forststraße folgen wir nun stets geradeaus bis zum Schloss Linderhof. Durch den Auwald eröffnen sich ab und zu schöne Ausblicke auf die Berge des Ammergebirges. Nach etwa einneinhalb Kilometern erreicht man schließlich die Parkplätze und die Wirtschaftsgebäude des Schlosses. Hier halten wir uns links und gehen durch die Wirtschaftsgebäude sowie am Schlosshotel vorbei zum Eingangskiosk des Schlosses. Hier kann man sich nun entscheiden, ob man die »Königliche Villa« besuchen möchte oder nur den überaus sehenswerten Schlosspark besichtigen möchte. Empfehlenswert ist die Schlossführung aber auf jeden Fall. Mit einer Dauer von 25 Minuten strapaziert sie auch nicht die Aufmerksamkeit der Kinder über. Unsere beiden Mädchen fühlten sich im Schloss wie kleine Prinzessinnen und kamen aus dem Staunen gar nicht mehr heraus. Auch die Venusgrotte (die jedoch leider in den kommenden Jahren restauriert wird und daher nicht besichtigt werden kann), der Maurische Kiosk, die Wasserkaskaden sowie der Neptunbrunnen hinter dem Schloss, der Musikpavillon oder

> Lotta: »Der König Ludwig hatte ein riesengroßes Bett.«

die Hundinghütte sind einen Besuch wert. Nach der Besichtigung des Schlosses und des Parks kann man auch noch einen kurzen Abstecher zur Linder machen, die sich hier weiter öffnet. Der Rückweg entspricht dem Hinweg.

Links: »Da müssen wir hin.«
Rechts: Wasserkaskaden und Terrassengärten im Schlosspark Linderhof

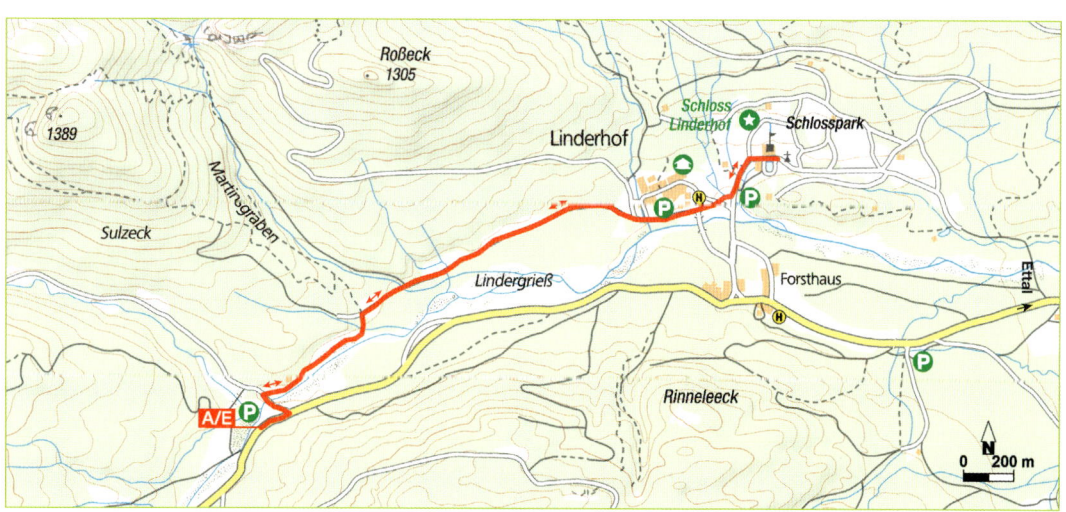

3 Soier See

Barfuß über Stock und Stein am Moorsee entlang

| leicht | 2,5 km | 40 m | 1 Std. |

Tourencharakter
Wanderweg, Barfußparcours;
geeignet für Kraxe, Tuch,
zu Fuß (ab 1–2 Jahren), für
Kinderwagen und Laufrad
geeignet

Anfahrt
A 95 München–Garmisch, Ausfahrt Murnau/Kochel am See,
über die B 2 nach Murnau,
dort der St 2062 nach Bad
Kohlgrub folgen, weiter über
die B 23 nach Bad Bayersoien

Navigationsangabe
Seeweg 104, 82435 Bad
Bayersoien (GPS-Daten
47.596219, 11.317078)

Ausgangs-/Endpunkt
Parkplatz am Soier See
(kostenpflichtig)

Karte
Wanderkarte 1:50000, WK 6
Alpenwelt Karwendel
(Kompass)

Einkehr
Kiosk am See, Seeweg 104,
82435 Bad Bayersoien

Wickelmöglichkeit
In der Natur oder im Badebereich

Information
Tourist-Info Bad Bayersoien,
Dorfstraße 45, 82435 Bad
Bayersoien, Tel. 08845/
703 06 20, www.gemeinde-
bad-bayersoien.de

Als einer der wärmsten Badeseen Südbayerns kann der Soier See mit einem regelrechten Natur-Kurpark aufwarten. Ein Natur-Barfußweg führt rund um den See herum. Nach der Erkundung des Barfußparcours sorgt der Badebereich mit viel Platz zum Spielen, Toben und Baden für eine erfrischende Abkühlung und saubere Füße.

Lina: »Das Schlammbad ist toll.«

Die Tour beginnt am Parkplatz des Seebades am Soier See (Achtung: Dieser kann an schönen Tagen voll sein). Beim Parkplatz geht man am besten gleich barfuß los, so muss man die Schuhe nicht den ganzen Weg mitschleppen. Bereits nach kurzer Zeit hat sich auch der empfindlichste Fuß

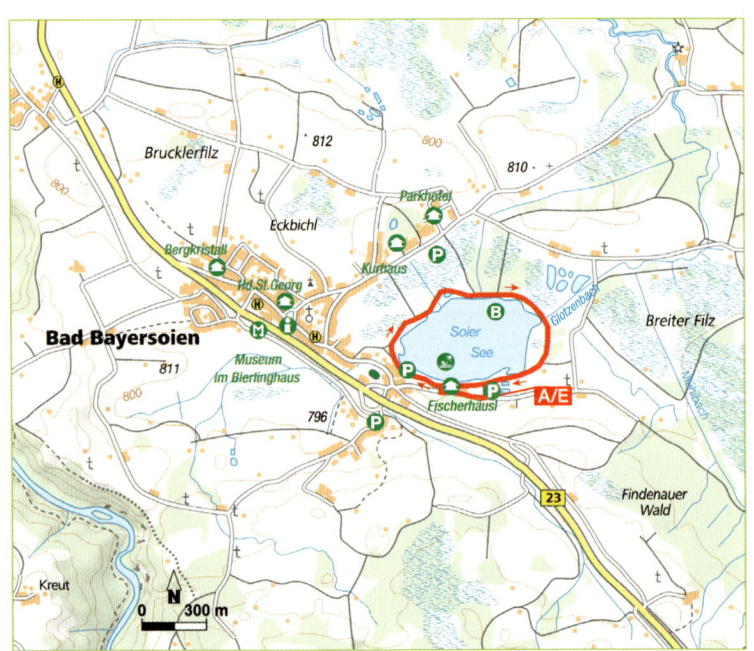

Ab ins Naturkino ...

an den fein geschotterten Weg gewöhnt. Am Seebad umrundet man den See links herum und kommt gleich nach dem Bad an eine Riesenschaukel, die natürlich nicht einfach links liegen gelassen werden darf. Kurz danach beginnen dann auch schon die ersten Stationen des Barfußpfades. Zuerst dürfen die Minis einen kurzen Balancier-Abstecher ins Uferschilf machen. Am kunstvoll gestalteten Baum biegen wir rechts ab und folgen weiter dem Seeweg. Kurz danach erreichen wir die Station mit den Holzscheiben, auf denen man toll balancieren kann. Gleich darauf kommen auch schon die unterschiedlich hohen Baumstümpfe. Nach wenigen Metern erreichen wir einen Fühlpfad mit verschiedenen Bodenarten. Über die Balancierstämme und das Naturkino am Bayersoier See gelangen wir zum Brettlweg durch das Schilf. Auf diesen folgt nun auch gleich ein Highlight

Kühles Nass

Unbedingt Badesachen einpacken!

25

Lotta: »In dem See kann man auch baden.«

für die Minis, ein etwa 40 Zentimeter tiefes Moorbecken mit anschließender Reinigung der schlammigen Moorfüße im See. Nach dem Blindgang (hier darf man sich gerne mit geschlossenen Augen führen lassen) laden verschiedene Bänke und eine kleine Liegewiese zur Rast ein. Hier gibt es auch Zugänge zum See, wobei es für die kleineren Minis etwas tief sein kann. Weiter geht es über den Baumstumpfpfad, den Barfußparcours, den Schilfgang sowie das Astlabyrinth über den Weg durch das Wasser und auf dem Limes wieder zurück zum Seebad.

Linke Seite: Der Jagdbaum am Soier See
Unten: Kleinere müssen größere Schritte machen beim Baumstumpfpfad

4 Sagenhafter Bergwald Grainau

Reise durch einen Zauberwald

Dieser Erlebnispfad verzaubert nicht nur die Kleinsten, sondern auch die Großen. Spannende Sagen und Geschichten rund um das Höllental sind mitunter auch für die Erwachsenen interessant. Waxl, der Bär, begleitet die Minis auf ihrer sagenhaften Entdeckungstour durch den Bergwald.

schwer   3,4 km   210 m   1:30 Std.

Tourencharakter
Forststraße oder Bergweg; geeignet für Kraxe, Tuch, zu Fuß (ab 4 Jahren), nicht für Kinderwagen und Laufrad geeignet

Anfahrt
A 95 München–Garmisch bis zum Autobahnende, über die B 2 Garmisch-Partenkirchen der B 23 nach Grainau folgen, links Richtung Hammersbach abbiegen

Navigationsangabe
Höllentalstraße 18, 82491 Grainau (GPS-Daten 47.468401, 11.040910)

Ausgangs-/Endpunkt
Wanderparkplatz Hammersbach

Karte
Wanderkarte 1:50000, WK 6 Alpenwelt Karwendel (Kompass)

Einkehr
Unterwegs keine

Wickelmöglichkeit
In der Natur

Information
Tourist-Info Grainau, Parkweg 8, 82491 Grainau, Tel. 08821/981850, www.grainau.de

Los geht unsere Abenteuertour am Wanderparkplatz in Hammersbach. Der Startpunkt des Themenweges liegt gegenüber der Höllentalstraße 6, erkennbar an einer geschnitzten Bärenfigur sowie einer Infotafel. Links führt der Weg über Stufen auf einem schmaleren Weg hinauf zur ersten Station, dem »Turmangerblick«. Wir

Lina: »Die Wildererwand ist super zum Kraxeln.«

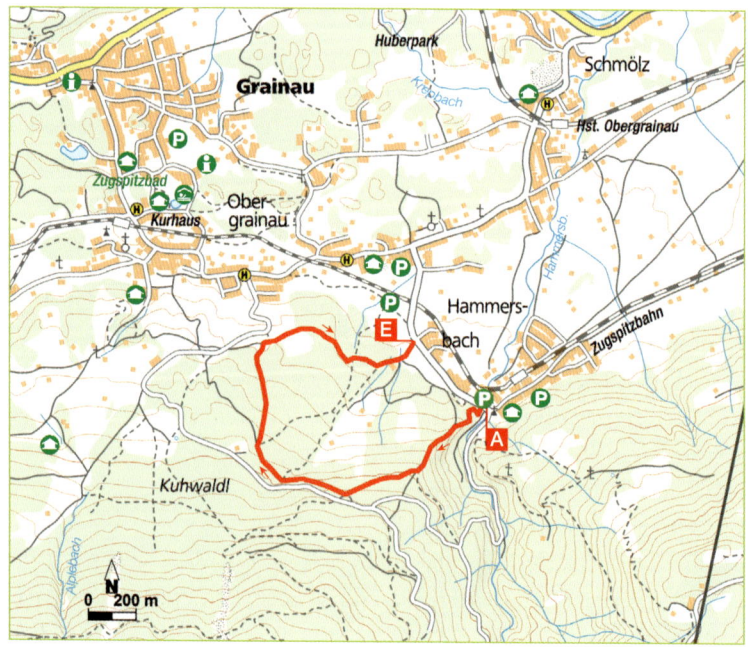

folgen dem Steig weiter bergauf durch den Bergwald und erreichen über einige Holzstufen bald den »Zauberwald« sowie den
»königlichen Bergwald«. Hier können die Minis von Thron zu
Thron wechseln, sich etwas wünschen oder
vielleicht über die Erwachsenen, zumindest
mal kurz, regieren?! Ein weiteres Highlight auf
dem gut ausgeschilderten Weg ist mit Sicherheit
der »Wildererschluf«. Dort gilt es, Geschicklich-
keit und Gleichgewicht zu testen. Wer schafft
den Parcours ohne Fehltritte? Nur einige Meter
weiter werden die Minis bald ein großes Holz-
gitter entdecken, das zum Tannenzapfen-Weit-
wurf bzw. eher -Hochwurf einlädt. Nach einem
kurzen Stück treffen wir auf eine Forststraße, hier
halten wir uns rechts und folgen dann sofort einem Wanderweg,
der erneut rechts abzweigt. Über den »Marchstoa«, den »Hol-

»Wohnt da wirklich der Berg-
waldkönig drin?«

Zum Nachlesen

In der Tourist-Info erhält man für 2 €
eine Broschüre mit der Wegbeschrei-
bung sowie den Sagen rund um das
Höllental.

zerkobel« und den »Jägerstand« führt ein schmaler Weg in Richtung Bärenwald. Hier treffen wir auf lebensgroße Bären, mit denen man sich fotografieren lassen kann. Wenn wir nun aus dem Wald kommen, wandern wir immer rechts auf dem Panoramaweg, vorbei am »Zuggeist«, dem »Schoatenhupfer« und der »Wildererwand« (hier kann man richtig gut kraxeln) bis hin zu einem kurzen Barfußpfad »Wax und Woach«. Ein kurzes Stück noch an weiteren Stationen vorbei und wir biegen links zur Straße und zum Wanderparkplatz ab.

Lotta: »Ich war ein gefährlicher Bär.«

5 Ruine Werdenfels

Dem Mittelalter auf der Spur im Werdenfelser Land

mittel   3,4 km   170 m   1 Std.

Tourencharakter
Forststraße; geeignet für Kraxe, Tuch, zu Fuß (ab 3–4 Jahren), für Kinderwagen geeignet, nicht für Laufrad geeignet

Anfahrt
A 95 München–Garmisch bis zum Autobahnende, über die B 2 bis zur Ausfahrt B 23 Richtung Fernpass/Reutte/Grainau/Garmisch, der B 23 folgen, zweimal rechts abbiegen

Navigationsangabe
Parkplatz an der Pflegerseestraße, 82467 Garmisch-Partenkirchen (GPS-Daten 47.508488, 11.083353)

Ausgangs-/Endpunkt
Parkplatz an der Pflegersee-straße

Karte
Wanderkarte 1:50000, WK 6 Alpenwelt Karwendel (Kompass)

Einkehr
Werdenfelser Hütte, 82467 Garmisch-Partenkirchen

Wickelmöglichkeit
In der Natur oder in der Hütte

Information
Tourist-Info Garmisch-Partenkirchen, Richard-Strauss-Platz 2, 82467 Garmisch-Partenkirchen, Tel. 08821/180700, www.gapa.de

Etwa 80 Meter hoch über dem Loisachtal liegt die Ruine der Burg Werdenfels zwischen Farchant und Garmisch. Früher ermöglichte die Lage der Burg eine Fernüberwachung wichtiger Handelsstraßen, heute bietet sie eine tolle Aussicht auf Garmisch-Partenkirchen sowie das Wettersteingebirge.

Die Tour beginnt am Parkplatz an der Pflegerseestraße und führt uns auf dem kleinen Fußweg nach einigen Metern direkt zum idyllisch gelegenen Schmölzersee. Wir wandern zunächst auf der rechten Seite

Lina: »Der geschnitzte Holz-Wegweiser hat mir gut gefallen.«

am Seeufer entlang, können die Seerosen bestaunen und auch sicherlich Enten füttern. Einige Informationstafeln erklären den Minis die Fische im Loisachtal sowie die vorherrschenden Vogelarten. Am Ende des Sees biegt man links ab und folgt der Beschilderung zur Ruine durch den Wald. Schon bald werden die Minis einen kunstvoll geschnitzten

Wegweiser aus Holz entdecken, der uns nach rechts leitet. Nach etwa fünf Minuten erreichen wir einen besonderen Wegweiser an einer Forststraße, welchen die Kinder vielleicht etwas seltsam finden werden. Das Schild weist den Weg zur Ruine Werdenfels, und zwar in beide Richtungen. Wir halten uns hier rechts und haben nun ein etwas steileres Wegstück bergab vor uns. An der Tafel 7 des Burglehrpfades angekommen, können die ersten Ritter-, Drachen- oder Prinzessinnengeschichten zum Besten gegeben werden und so vielleicht ein wenig vom weiteren Anstieg ablenken. Wir folgen der breiten Forststraße links bergan, wo wir uns nun auf einem der historischen Zufahrtswege zur Ruine befinden. An einem Infoschild wird erläutert, wie schwierig der Zugang zur Burg war, ohne moderne Baumaschinen, die

Lotta: »Ich fand die Ruine toll.«

Ausblick über Farchant aufs Wettersteingebirge

33

so komfortable Wege bauen können wie heute. Nach dem kurzen Anstieg geht es an einer T-Kreuzung rechts Richtung Ruine und Werdenfelser Hütte, und schon bald kann man die Ruine zwischen den Bäumen erblicken. Vorbei an der Werdenfelser

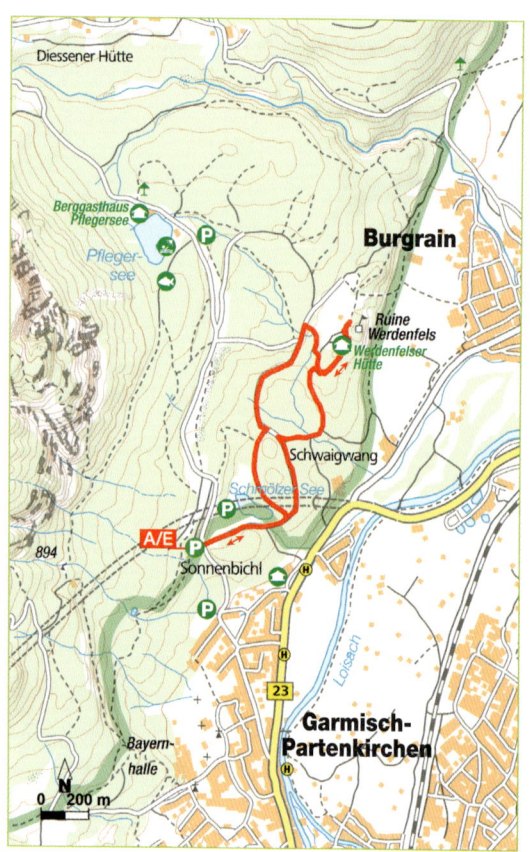

Oben: Schlossgeist mit zwei Burgfräulein …
Rechte Seite: Ein wunderschön geschnitzter Wegweiser

Hütte und den zugehörigen Ziegen sind wir schon auf dem Burggelände und können hier in den Gemäuerresten spielen (Vorsicht!) oder die phänomenale Aussicht auf das Wettersteingebirge und Garmisch-Partenkirchen genießen. Kinderwagenfahrer müssten ihren Kinderwagen vor der Ruine parken. Nach der Ruine lädt die Hütte zur Einkehr ein. Zurück geht es wieder bis zur T-Kreuzung, wo wir aber nicht links den gleichen Weg zurückgehen, sondern rechts. Bei einer scharfen Linkskurve treffen wir auf eine größere Forststraße, auf der wir links wieder auf den seltsamen Wegweiser treffen, der beide Richtungen zur Burg ausweist. Ab hier gehen wir den bereits bekannten Weg zurück am geschnitzten Wegweiser und am Schmölzersee vorbei zum Parkplatz.

6 Kochelberg-Alm

Schnelles Ziel für kurze Beine

| mittel | 3 km | 150 m | 40 Min. |

Tourencharakter
Teerstraße; geeignet für Kraxe, Tuch, zu Fuß (ab 2–3 Jahren), für Kinderwagen geeignet, nicht für Laufrad geeignet

Anfahrt
A95 München–Garmisch bis zum Autobahnende, über die B2 und B23 nach Garmisch-Partenkirchen, am Rathaus-platz rechts Richtung Olympia-Eisstadion

Navigationsangabe
Am Hausberg 4, 82467 Garmisch-Partenkirchen (GPS-Daten 47.482129, 11.093430)

Ausgangs-/Endpunkt
Parkplatz an der Hausbergbahn

Karte
Wanderkarte 1:50000, WK 6 Alpenwelt Karwendel (Kompass)

Einkehr
Kochelberg-Alm, Am Peters-bad 1, 82467 Garmisch-Partenkirchen, Di Ruhetag, Tel. 08821/56662, www.kochelberg-alm.de

Wickelmöglichkeit
In der Natur oder in der Alm

Information
Tourist-Info Garmisch-Partenkirchen, Richard-Strauss-Platz 2, 82467 Garmisch-Partenkirchen, Tel. 08821/180700, www.gapa.de

Diese Tour ist trotz kurzem Anstieg bestens geeignet für jüngere Minis. Unser Ziel, die Kochelberg-Alm, lockt mit einem kleinen Tierparadies, einem See mit Fontäne sowie hausgemachtem Kaiserschmarrn und deftigen Brotzeiten.

Los geht es am Parkplatz der Talstation der Hausbergbahn. Links am Seilbahngebäude vorbei führt ein leider nicht ausgeschilderter Weg geradeaus steil bergan. Nach diesem Anstieg geht es scharf links in den Laingraben hinunter, vorbei am Hotel Hausberg. Sobald man am Hotel links vorbeigegangen ist, biegt man rechts in die Kochelbergstraße ein. Ab hier ist die Alm nun gut ausgeschildert. Auf der Straße geht man nun weiter etwas steiler bergan durch einen schönen Mischwald und hält sich immer rechts. Nach kurzer Wegstrecke teilt sich der Weg. Links führt die Forststraße weiter, auf der die Kinderwagenfahrer bleiben. Alle anderen können hier auch die Stufen rechts weiter hochwandern. Sobald die beiden Wege wieder aufeinandertreffen, ist es nicht mehr weit bis zur Alm, die auf der linken Seite hinter

einem kleinen See mit Fontäne auf die Wander-Minis wartet. Die letzten Meter zur Alm sind noch mal spannend, da es im Teich viele Fische zu entdecken gibt und links des Weges noch ein Hühner- und Gänsegehege zu bestaunen ist. Hinter der schön gelegenen Sonnenterrasse der Kochelberg-Alm erwartet die Minis ein kleiner Spielplatz und ein Wildschweingehege. Die Alm selbst punktet mit einem sehr leckeren Kaiserschmarrn mit Apfelmus und Preiselbeeren oder einer Preiselbeer-Buttermilch. Zurück nimmt man wieder den gleichen Weg. Allerdings gehen wir nun am Hotel Hausberg geradeaus vorbei bis zu den Bahngleisen. Anschließend biegen wir noch zweimal links ab und sind wieder am Ausgangspunkt.

Oben: Oberhalb der Kochelberg-Alm
Linke Seite: »Hmm, Lina, ich glaub', die Fische kommen so nicht.«

Sprungschanze

Wie wäre es mit einem kurzen Abstecher zum Olympia-Skistadion?

7 Bohlenweg im Murnauer Moos

Auf Brettern durch ein zauberhaftes Moor

leicht	4 km	40 m	1 Std.

Versteckt und nicht leicht zugänglich ist der Bohlenweg durch das Murnauer Moos. Dabei ist das Versteckspiel gar nicht nötig, denn die größte zusammenhängende naturnah erhaltene Moorlandschaft Mitteleuropas überzeugt mit ihrem eigenen Charme.

Tourencharakter
Forststraße und Bohlenweg; geeignet für Kraxe, Tuch, zu Fuß (ab 3–4 Jahren), für Kinderwagen und Laufrad bedingt geeignet

Anfahrt
A95 München–Garmisch, Ausfahrt Murnau/Kochel. In Murnau Richtung Bad Kohlgrub fahren. Nach der zweiten Ortschaft links abbiegen

Navigationsangabe
Moosrainer Straße 1, 82418 Murnau am Staffelsee (GPS-Daten 47.666904, 11.137679)

Ausgangs-/Endpunkt
Bahnhof Grafenaschau

Karte
Wanderkarte 1:50 000, WK 6 Alpenwelt Karwendel (Kompass)

Einkehr
Unterwegs keine; Café Habersetzer, Aschauer Straße 1, 82445 Grafenaschau, Tel. 08841/498 55, www.cafe-habersetzer.de

Wickelmöglichkeit
In der Natur oder im Café

Information
Tourist-Info Murnau, Kohlgruber Straße 1, 82418 Murnau am Staffelsee, Tel. 08841/ 614 10, www.murnau.de

Die Tour beginnen wir am besten am Bahnhof Grafenaschau, da die Parkplatzsituation in diesem Ortsteil nicht wirklich gut ist. Am Bahnhof gehen wir rechts die Moosrainer Straße bergab. Dieser folgen wir, bis links die geschotterte Straße Im langen Filz abzweigt. Dieser folgen wir geradeaus bis in den Wald hinein. Im Wald gehen wir weiter die Forststraße geradeaus entlang, bis sie an einem Haus rechts abbiegt. Am Grundstück entlang verengt sich die Straße und an einer Fahrradsperre beginnt nun der Bohlenweg. Hier erschließt sich auch der Name des Weges, denn er führt auf Holzbohlen über das Murnauer

> Lina: »Ich fand die kleinen, weißen Spinnenweben toll.«

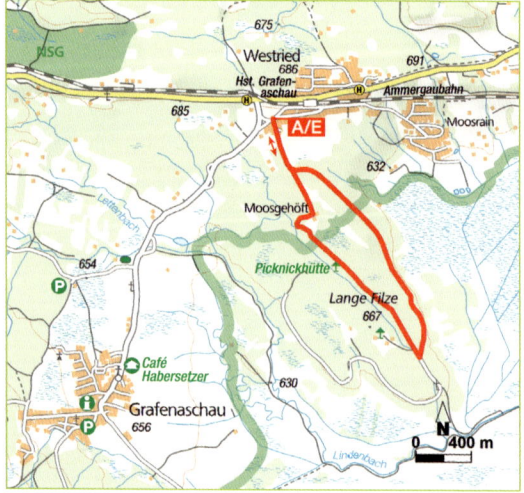

Moos. Dem Bohlenweg folgen wir nun ins Moos hinein und entdecken eine ursprüngliche Moorlandschaft mit Birken, Latschen und Erika. Links und rechts des Weges befinden sich Infotafeln zum Moos. Nach einem kurzen Stück gibt es auf der rechten Seite eine Schutzhütte. In dieser Schutzhütte liegen sogar Malutensilien für die Kinder bereit, mit denen sie beispielsweise ihre Impressionen vom Moos ausdrücken können. Nach der Schutzhütte folgen wir

Lotta: »Auf dem Weg konnte ich gut flitzen.«

dem Bohlenweg weiter bis zu einer zweiten Fahrradsperre. Hier endet dann der Bohlenweg, und wir biegen nach einem kurzen Stück links auf eine Forststraße ab. Bei der nächsten Abzweigung biegen wir erneut links ab und folgen der Forststraße, die nach einer Weile wieder in die Straße Im langen Filz mündet. Hier sind wir dann auch schon fast wieder an unserem Ausgangspunkt, dem Bahnhof in Grafenaschau angelangt. Zum Abschluss können wir noch einen Abstecher ins Café Habersetzer mit hauseigener Konditorei machen. Während die Erwachsenen auf der Sonnenterrasse mit einem herrlichen Blick auf das Estergebirge sowie das Murnauer Moos entspannen, können die Minis auf dem kleinen Spielplatz toben und die Hühner begutachten.

Wetterfest

Auch an leicht regnerischen Tagen eignet sich die Tour zu Fuß mit entsprechender Kleidung.

Links: Wald im Murnauer Moos Rechts: Flitzen auf dem Bohlenweg

Durch das Murnauer Moor

Mit meiner großen Schwester
schaff ich jede Tour!

8 Königsweg in Murnau

Spielen, Minigolfen, Planschen auf historischem Weg

| leicht | 2 km | 100 m | 45 Min. |

Tourencharakter
Geteerter Weg und Treppensteig; geeignet für Kraxe, Tuch, zu Fuß (ab 2–3 Jahren), für Kinderwagen bedingt geeignet, nicht für Laufrad geeignet

Anfahrt
A 95 München–Garmisch, Ausfahrt Sindelsdorf oder Murnau/Kochel. In Murnau Richtung Bad Kohlgrub halten. Nach einem großen Kreisel und nach dem Unterqueren der Bahngleise rechts in die erste Straße einbiegen

Navigationsangabe
Seestraße 1A, 82418 Murnau am Staffelsee (GPS-Daten 47.678419, 11.194431)

Ausgangs-/Endpunkt
Parkplatz am Spielplatz Seestraße

Karte
Wanderkarte 1:50 000, WK 6 Alpenwelt Karwendel (Kompass)

Einkehr
Unterwegs keine; Kiosk am See

Wickelmöglichkeit
In der Natur oder beim Kiosk

Information
Tourist-Info Murnau am Staffelsee, Kohlgruber Straße 1, 82418 Murnau am Staffelsee, Tel. 08841/61410, www.murnau.de

Der Königsweg in Murnau ist eigentlich ein Weg für historisch interessierte Erwachsene, aber er bietet auch sehr viel für Minis. Und die brauchen dafür noch nicht mal die Augen offen zu halten, da alles ganz offensichtlich auf dem Weg liegt.

Der Weg startet schon ganz gut für die Minis, nämlich auf einem großen, schön angelegten Spielplatz (auch in fünf Gehminuten vom Bahnhof aus zu erreichen). Kann man die Kinder mit dem Versprechen, am Ende der Tour nochmals hier vorbeizukommen, weglotsen, geht man rechts am Spielplatz vorbei auf der Teerstraße bergab.

Lina: »Mir hat der Staffelsee gut gefallen.«

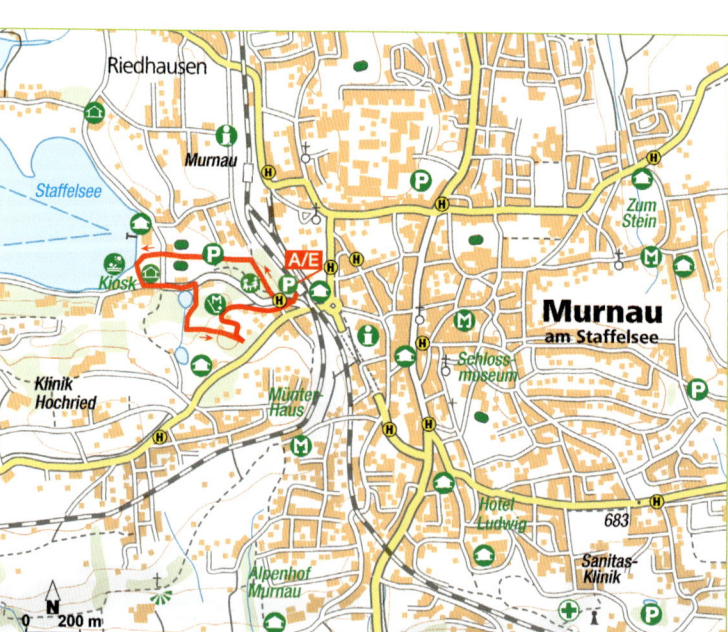

44

Dort entdecken wir gleich ein Schild, das auf den Königsweg hinweist. Diesem Weg folgen wir an einem Graben entlang bergab Richtung Staffelsee. Hier kommen wir an einem großen Infopunkt zum Königsweg vorbei. Auf diesen Punkt treffen wir, wenn wir den Königsweg weitergehen, später wieder. Wir gehen weiter geradeaus bergab zum See. Nach kurzer Zeit erreichen wir auch schon wieder den Lido von Murnau. Hier am Strandkiosk bzw. am Burger-Restaurant kann man sich stärken oder sich auf eine Bank oder auf die Wiese setzen und seine mitgebrachte Brotzeit genießen. Ein Stück hinter dem Strand wäre auch eine Minigolfanlage, falls das Wasser zum Planschen nicht mehr interessant sein sollte. Bis zum Staffelsee ist der Weg kinderwagentauglich. Nach der Rast gehen wir entweder wieder den gleichen Weg zurück oder, falls noch En-

Eine Bootsfahrt ...

Wie wäre es mit einer Schifffahrt auf dem Staffelsee?

45

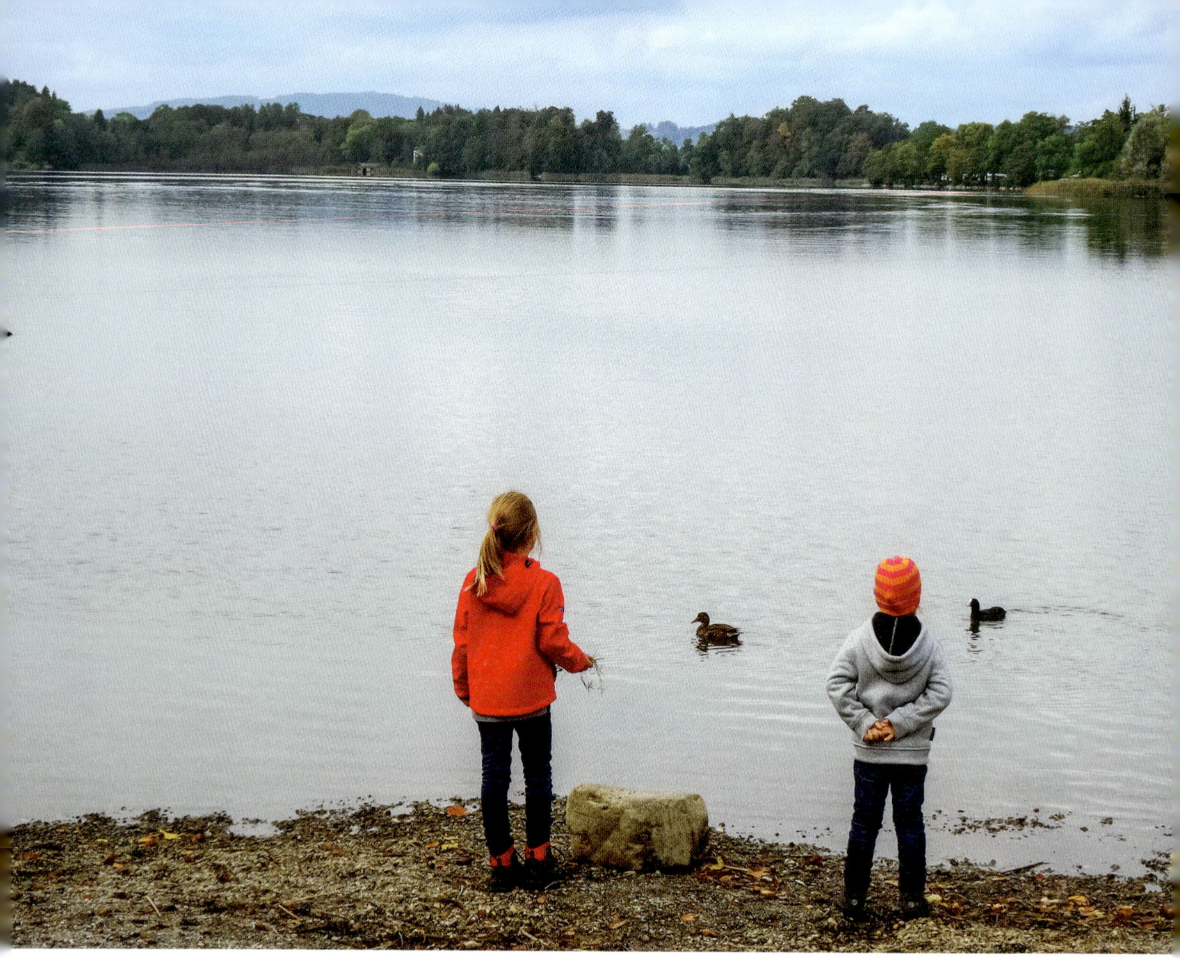

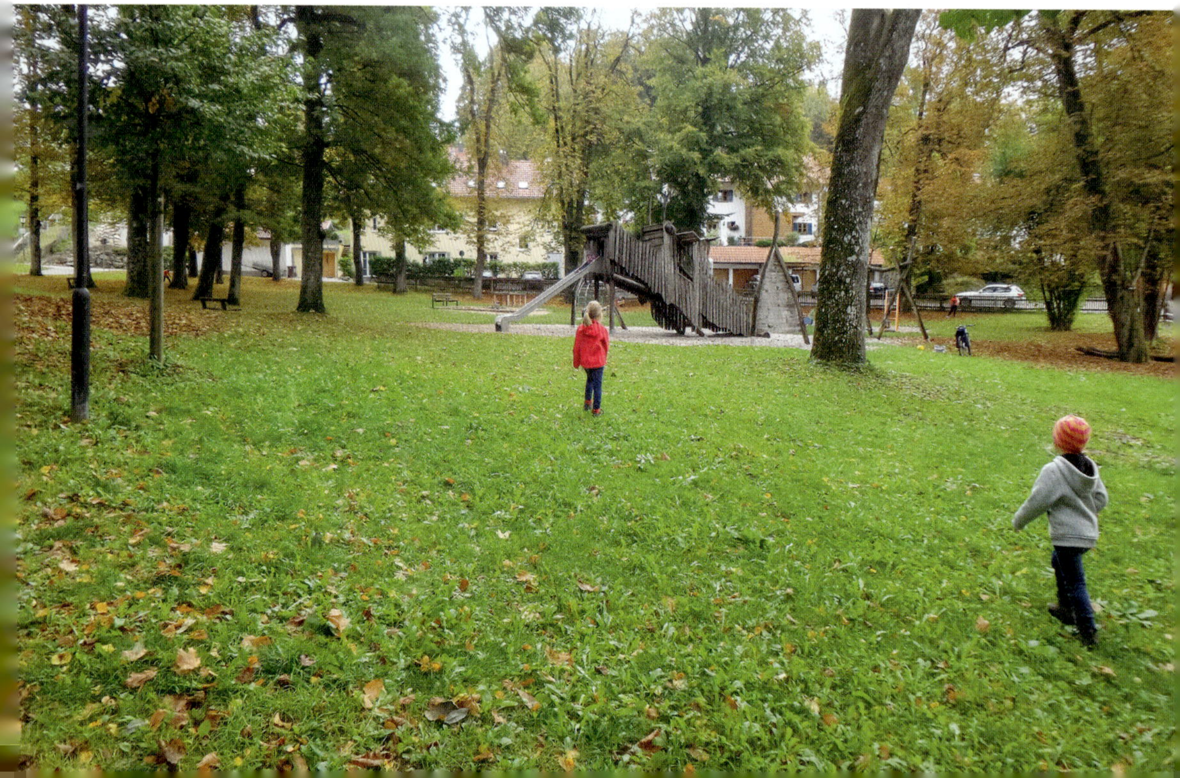

ergie vorhanden ist, auf dem Königsweg noch ein Stück weiter. Dazu überqueren wir die Seestraße und biegen hinter dem kleinen See rechts ab. Diesem Weg folgen wir bergan. Auf der linken Seite beginnt hier bereits ein Grundstück mit Zaun, an dieser Grundstücksgrenze gehen wir nun fast den gesamten Anstieg entlang. Auf der Hälfte des Berges halten wir uns links. Hier sieht man bereits eine weitere Minigolfanlage, die Anlage Ludwigshöhe. Sobald wir auf die Kohlgrubstraße treffen, biegen wir links ab und erreichen nach kurzem Anstieg die Ludwigshöhe. Schautafeln informieren hier oben über die Königsgeschichte Bayerns. Zudem haben wir einen wunderschönen Blick auf den Staffelsee. Nun gehen wir den Weg weiter Richtung Norden. An weiteren Infopunkten vorbei geht es stetig bergab, an Häusern vorbei, Richtung Seestraße. Vorsicht ist bei den Treppen geboten: Diese enden genau an der Straße und sind schlecht einsichtig. Kinder sollten hier an die Hand genommen werden. Sobald man diese Gefahrenstelle hinter sich gelassen hat, sieht man bereits den Hinweg. Nach einem kurzen Stück rechts bergan erreichen wir wieder den Ausgangsspielplatz.

Lotta: »Der Spielplatz ist schön.«

Linke Seite: Auf dem Königsweg
Unten: »Geht's da
wirklich lang?«

9 Barfußwanderweg Mittenwald

Kurzweiliger Wanderspaß

leicht   1,6 km   150 m   1 Std.

Tourencharakter
Barfußweg; geeignet für Kraxe, Tuch, zu Fuß (ab 2–3 Jahren), nicht für Kinderwagen und Laufrad geeignet

Anfahrt
A 95 München–Garmisch bis zum Autobahnende, über die B 11 oder die Queralpenstraße B 23 nach Mittenwald, der Ausschilderung zur Kranzbergbahn folgen

Navigationsangabe
Parkplatz Hoher Kranzberg, 82481 Mittenwald (GPS-Daten 47.444521, 11.256711)

Ausgangs-/Endpunkt
Parkplatz Talstation Kranzberg-Sesselbahn

Karte
Wanderkarte 1:50 000, WK 6 Alpenwelt Karwendel (Kompass)

Einkehr
Berggasthaus Sankt Anton, 82481 Mittenwald, Tel. 08823/8001, www.alpen-welt-karwendel.de

Wickelmöglichkeit
In der Natur oder im Berggasthaus

Information
Tourist-Info Mittenwald, Dammkarstraße 3, 82481 Mittenwald, Tel. 08823/33981, www.alpenwelt-karwendel.de

Wie fühlen sich Tannenzapfen, Moos, Kieselsteine oder Rinde ohne Schuhe an? Genau das kann man auf dem Mittenwalder Barfußwanderweg an 24 spannenden Stationen erforschen.

Die Tour startet an der Talstation der Kranzberg-Sesselliftbahn. Nach einer gemütlichen, etwa 20-minütigen Fahrt und einem sehr kurzen Anstieg zum Berggasthaus Sankt Anton startet unsere Barfußerlebnistour. Noch schnell die Schuhe in dem extra dafür bereitgestellten Regal hinter dem Gasthaus abstellen, einen Blick auf die Infotafel werfen und los geht es. Über die Fußtapsen-, Tannenzapfen- und die Treppenstrecke führt der

Lotta: »Mir hat der kleine Wasserspielplatz gut gefallen.«

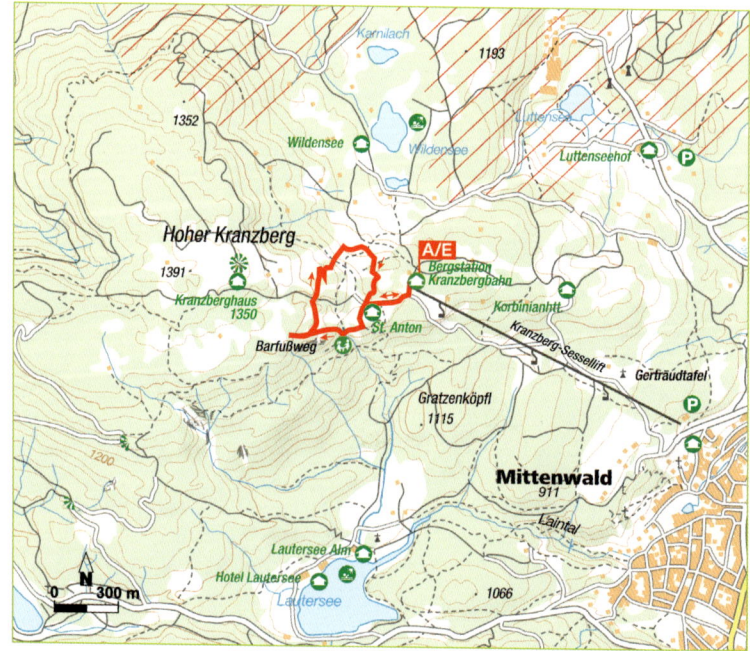

Weg direkt zu einem Schlammloch, das aber auch von nicht ganz so wagemutigen Minis bzw. Erwachsenen über den Holzsteg umgangen werden kann. Eine Tafel informiert uns über Bruno, den Bären, der vor zehn Jahren auch in Mittenwald gesehen wurde und dort Spuren hinterlassen hat, vielleicht genau diesen Bärentatzenpfad? Immer wieder werden unsere »Fuß-Fertigkeiten« bei verschiedenen Geschicklichkeitsspielen getestet, beispielsweise dem Stöckchen- oder Knotenspiel. Der sehr gut ausgeschilderte Weg führt uns weiter und bietet schon bald einen grandiosen Blick auf das vor uns liegende Estergebirge. Über einen Naturbaum sowie Holzstelzen erreichen wir bald ein Kneippbecken, das für eine wohltuende Abkühlung und wieder sauberere Füße sorgt. Zum Abschluss können die Minis, genau wie Heidi, die Bergwiese zum Kinderspielplatz sowie der Wassererlebnisstation hinuntersausen. Wie wäre es denn mit einem Wettrennen? Während sich die Erwachsenen auf der Terrasse des Berggasthauses, mit Blick auf den Spielplatz, wieder

Pitschnass

Unbedingt Wechselklamotten einpacken!

Linke Seite: Schön die Füße sauber machen
Unten: »Da sind wir überall entlanggegangen?«

Lina: »Das große Schlammloch ist super und die Fahrt mit dem Sessellift.«

etwas erholen können, können die Minis dort nach Herzenslust toben. Nach der Rast bzw. ausgiebiger Spielpause kann man mit dem Sessellift nach unten fahren oder den Weg zum Ausgangspunkt zu Fuß zurückgehen (Gehzeit etwa 45 Minuten). Begehbar ist der Barfußwanderweg von Mai bis Oktober.

10 Lautersee

Rundtour um einen idyllischen Bergsee

leicht	5 km	90 m	1:30 Std.

Tourencharakter
Wanderweg; geeignet für Kraxe, Tuch, zu Fuß (ab 3–4 Jahren), für Kinderwagen geeignet, nicht für Laufrad geeignet

Anfahrt
A 95 München–Garmisch bis zum Autobahnende, über die B 11 oder die Queralpenstraße B 23 nach Mittenwald, der Ausschilderung zur Kranzbergbahn folgen

Navigationsangabe
Parkplatz Hoher Kranzberg, 82481 Mittenwald (GPS-Daten 47.444521, 11.256711)

Ausgangs-/Endpunkt
Parkplatz Talstation Kranzberg-Sesselbahn

Karte
Wanderkarte 1:50 000, WK 6 Alpenwelt Karwendel (Kompass)

Einkehr
Mehrere Möglichkeiten am See

Wickelmöglichkeit
In der Natur oder in den Einkehrmöglichkeiten am See

Information
Tourist-Info Mittenwald, Dammkarstraße 3, 82481 Mittenwald, Tel. 08823/33981, www.alpenwelt-karwendel.de

Mitten im Wandergebiet Hoher Kranzberg gelegen, bietet sich der Lautersee als Kombination mit anderen Touren an. Doch auch für sich kann der See mit spektakulären Aussichten auf den Karwendel aufwarten und bietet an heißen Tagen Möglichkeiten zum Baden.

Diese Tour startet entweder am Parkplatz des Kranzbergsessellifts oder man fährt mit dem Bus vom Bahnhof aus direkt an den Lautersee (Infos unter www.alpenwelt-karwendel.de/wanderbus). Beim oberen Parkplatz an der Talstation der Kranzbergbahn beginnt am südlichen Ende das Wanderwegenetz von Mittenwald. Hier weist uns auch ein

Lina: »Der Steingarten ist toll.«

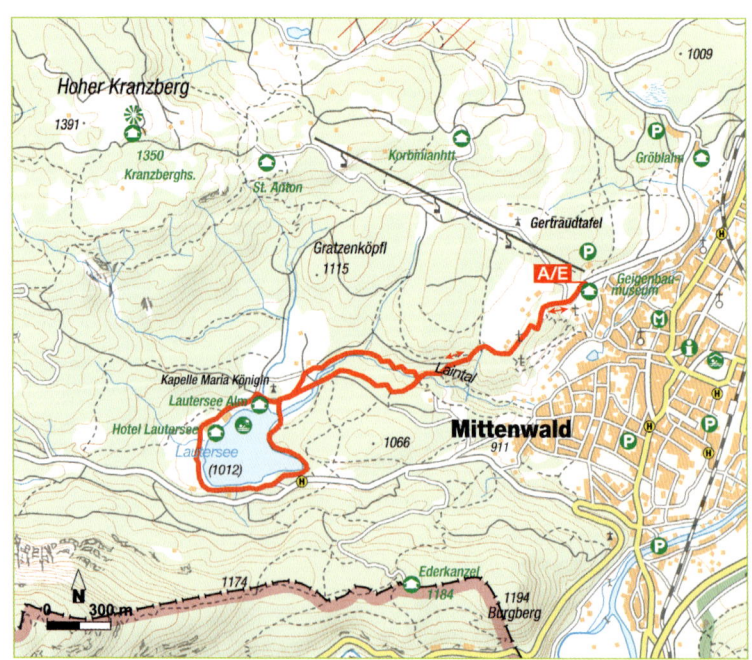

Schild den Weg zum Lautersee. Wir folgen der Teerstraße,
bis diese an einem alten Hotel
in einen Schotterweg übergeht.
Hier beginnt bereits der geologi-
sche Lehrpfad von Mittenwald.
Diesem sowie den Wegweisern
Richtung Lautersee folgen wir
immer weiter. An einem großen,
kreisförmig angelegten Find-
lingsfeld können die Minis kurz
spielen, balancieren bzw. die
schönen Steine auch einfach nur
begutachten. Nach dem Stein-
feld hat man nun mehrere Möglichkeiten zum Lautersee zu
gelangen. Der Weg teilt sich in
drei Wege auf, aber alle führen
zu unserem Ziel. Der schönste
(unserer Meinung nach) ist der
über die Lainbachfälle. Das ist
der Weg, der ganz links abbiegt,
er ist aber auch gut ausgeschildert. Auf diesem Weg erreichen
wir sehr bald den Lainbach und

Lotta am Lautersee

folgen ihm bachaufwärts auf einem idyllischen Weg. Sobald wir
das Ende des Lainbachs erreicht haben, sind wir auch schon
an unserem Ziel, dem Lautersee. Diesen können wir nun links
in südlicher Richtung umrunden,
oder wir gehen direkt geradeaus zum Strandbad Lautersee
(kostenpflichtig) oder zu den
gastronomischen Angeboten
des Lautersees. Wenn man mit
dem Bus zum Lautersee kommt,
ist man direkt am südwestlichen
Ende des Lautersees und kann von

Lotta: »Ich war
im See und die
Fische sind ganz
nah an mir vorbei-
geschwommen.«

dort die Umrundung starten. Da der See nicht zu groß ist, sieht
man alle Angebote von der Bushaltestelle aus und kann selbst
entscheiden, in welche Richtung man gehen will. Danach kehren
wir auf dem bekannten Weg zurück zum Parkplatz.

Hoffentlich beissen
die Fische nicht!

11 Walderlebnispfad Mittenwald

Spiel, Spaß und Wissenswertes im Wald

| leicht | 2 km | 40 m | 45 Min. |

Tourencharakter
Wanderweg; geeignet für Kraxe, Tuch, zu Fuß (ab 2–3 Jahren), für Kinderwagen bedingt geeignet, nicht für Laufrad geeignet

Anfahrt
A 95 München–Garmisch bis zum Autobahnende, über die B 11 oder die Queralpenstraße B 23 nach Mittenwald, der Ausschilderung zur Kranzbergbahn folgen

Navigationsangabe
Parkplatz Hoher Kranzberg, 82481 Mittenwald (GPS-Daten 47.444521, 11.256711)

Ausgangs-/Endpunkt
Parkplatz Talstation Kranzberg-Sesselbahn

Karte
Wanderkarte 1:50000, WK 6 Alpenwelt Karwendel (Kompass)

Einkehr
Mehrere Möglichkeiten am See

Wickelmöglichkeit
In der Natur oder am Lautersee

Information
Tourist-Info Mittenwald, Dammkarstraße 3, 82481 Mittenwald, Tel. 08823/33981, www.alpenwelt-karwendel.de

Der Walderlebnispfad am Lautersee mit seinen zwölf abwechslungsreichen Stationen ist als Rundweg angelegt und kann von verschiedenen Punkten aus erkundet werden. Pirschpfad, Balancierstrecke, Waldliegen, eine Vogelkanzel und vieles mehr bietet dieser Entdeckerpfad.

Diese Strecke beginnt man wie die Strecke zum Lautersee am Kranzbergsessellift. Auch der Hinweg zum Pfad führt, wie der Weg zum Lautersee, über den geologischen Lehrpfad. Über den Lainbachwasserfallweg geht es bis zu einer Brücke, die auf die südliche Seite des Lainbachs führt (Wegweiser Richtung Grünkopf). Hier führt uns ein Waldsteig über Stock und Stein zur Station Hörstudio des Walderlebnispfades.

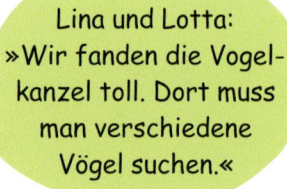

Lina und Lotta: »Wir fanden die Vogelkanzel toll. Dort muss man verschiedene Vögel suchen.«

Nun sind wir schon mitten im Pfad und auch gleich an einem großen Übersichtsplan zum Pfad. Man wendet sich entweder

rechts in westlicher Richtung direkt zum Lautersee oder links in südlicher Richtung zu den weiteren Stationen. Wir sind in südlicher Richtung gegangen und haben dann nach den Stationen Vogelkanzel, Wald und Weide, Waldliegen (sehr bequem), Voller Durchblick und Baumarten den eigentlichen Startpunkt des Pfades erreicht. Wanderer, die mit dem Wanderbus vom Bahnhof Mittenwald gestartet sind, starten hier an der Haltestelle Kreuzung Lautersee. Wir sind nach einem Balancierpfad und einer Gewichtsmessungswippe (Ist Papa wirklich so schwer wie zwei Minis, oder muss die Mama noch mit drauf?) rechts zum Lautersee abgestiegen. Hier haben wir nach den Stationen Ohne Schutzwald geht's bergab sowie Wald und Wasser das östliche Ufer des Lautersees erreicht.

Nicht vergessen

Unbedingt Badesachen einpacken!

An dieser Stelle kann man die Tour mit der Lauterseetour kombinieren, was sich besonders für die Wanderbusnutzer anbietet. Diesseits erreicht man auch die verschiedenen reizvollen Einkehrmöglichkeiten am Lautersee.

Abschließend geht man dann an den Stationen Holzpilze, Pirschpfad, Tierisch weit, Klangstation und Hörstudio vorbei wieder zurück zum Parkplatz. Wanderbusnutzer können auch ohne Weiteres mit Kinderwagen oder Laufrad gehen, da die Lauterseerunde und der Walderlebnispfad aus gut geschotterten, relativ ebenen Wanderwegen bestehen. Der Pfad ist von Mitte Mai bis Oktober begehbar (witterungsabhängig).

Linke Seite: »Schnell weg, da sind Ameisen.«

12 Leutascher Geisterklamm

Im Reich des Klammgeistes und seiner Kobolde

schwer	4,5 km	170 m	1:30 Std.

Tourencharakter
Forststraße oder Bergweg
bzw. -steig; geeignet für
Kraxe, Tuch, zu Fuß (ab 4
Jahren), nicht für Kinderwagen
und Laufrad geeignet

Anfahrt
A 95 München–Garmisch bis
zum Autobahnende, über die
B 11 bis Mittenwald. Durch
Mittenwald durch und nach
dem Ort rechts Richtung Sport-
und Tennisplätze abbiegen

Navigationsangabe
Riedboden 3, 82481 Mittenwald (GPS-Daten 47.428262,
11.259095)

Ausgangs-/Endpunkt
Parkplatz Riedboden

Karte
Wanderkarte 1:50 000,
WK 6 Alpenwelt Karwendel
(Kompass)

Einkehr
Unterwegs keine; kleiner Kiosk
an der Klamm; in Mittenwald

Wickelmöglichkeit
In der Natur, am Kiosk

Information
Tourist-Info Mittenwald, Dammkarstraße 3, 82481 Mittenwald, Tel. 08823/339 81,
www.alpenwelt-karwendel.de

Drei verschiedene Wege führen durch das Reich des Klammgeistes – der 3000 Meter lange Klammgeistweg, der Wasserfallsteig oder der für Minis gut machbare 1900 Meter lange Koboldpfad. Spektakulär ist in jedem Fall die Panoramabrücke und unter uns die sich wild schlängelnde Leutasch.

Die Tour kann man an mehreren Stellen beginnen, die aber alle einen relativ weiten Gehweg zum Einstieg voraussetzen. Daher entscheidet man sich am besten für den Parkplatz Riedboden, wo ein riesengroßer, sehr schön angelegter Spielplatz auf die Minis wartet. Um von hier zur Klamm zu kommen, gehen wir an der Innsbrucker Straße Richtung Mittenwald, bis wir nach der Leutaschbrücke direkt links in den Zubringer zur Klamm einbiegen. Nach diesem sich doch etwas ziehenden Fußmarsch freut man sich auf eine kleine Zwischenrast beim Kiosk am Klammeingang. Um direkt in die Klamm zu kommen, muss man eine Karte am Kiosk lösen und kann dann etwa 200 Meter in die Klamm bis zu einem 23 Meter hohen Wasserfall einsteigen. Unseren Minis hat dieser Einstieg gut gefallen, da man hier fast direkt im Wasser ist. Man muss aber bedenken, dass die Klamm auch an sehr heißen Tagen empfindlich kühl ist. Nach der Rast und der Klamm überqueren wir wieder die Leutasch und beginnen den Klammgeistweg. Dieser führt uns mehr und weniger steil bergan, an verschiedenen Sagen vorbei zum Gasthaus Gletscherschliff. Nach dem Gasthaus wird aus dem Weg ein Steig mit mehreren Treppen. Glücklicherweise ist

> Lotta: »Ich fand die Wackelbrücke super.«

> Lina: »Der Wasserfall ist ganz schön laut und toll.«

der steile Anstieg nicht weit, bis wir nach der österreichischen Grenze rechts zur Hauptattraktion absteigen – eine Panoramabrücke, die etwa 50 Meter über dem Klammboden die Leutasch überspannt. Nach der Brücke gehen wir rechts über eine Stahltreppenkonstruktion ein kleines Stück bergan und machen uns wieder an den Abstieg Richtung Klammkiosk. Beim Abstieg muss man gut aufpassen, da dieser sehr steil und auch etwas ausgesetzt ist. Nicht so trittsichere Minis steigen am besten über den Hinweg und das Gasthaus Gletscherschliff ab, was man dann auch mit einer größeren Einkehr verbinden kann. Ab dem Klammkiosk gehen wir den bekannten Weg wieder zurück zum Parkplatz Riedboden.

Oben: Spielplatz am Riedboden
Unten: Beim Steintürmebauen

Stadtspaziergang

Machen Sie doch noch einen kurzen Spaziergang durch Mittenwald und betrachten Sie die Lüftlmalereien an den Häusern.

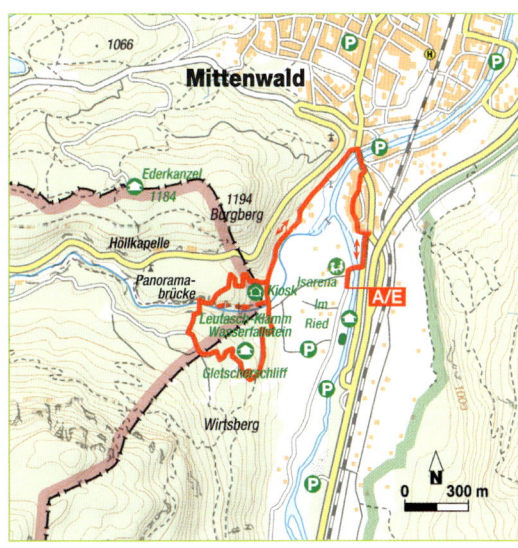

13 Flößerspielplatz Krün

Ein Abenteuerspielplatz, der kleine und große Herzen höherschlagen lässt

leicht   beliebig   beliebig   beliebig

Tourencharakter
Keine Tour, nur Spielplatz;
geeignet für alle

Anfahrt
A 95 München–Garmisch bis
zum Autobahnende, auf der
B 2 nach Mittenwald, dort über
die B 11 bis Krün. Im Ort links
abbiegen Richtung Sportplatz

Navigationsangabe
Isarauenstraße 3, 82494
Krün (GPS-Daten 47.503546,
11.281588)

Ausgangs-/Endpunkt
Parkplatz vor dem Sportplatz

Karte
Wanderkarte 1:50000,
WK 6 Alpenwelt Karwendel
(Kompass)

Einkehr
Kiosk am Flößerspielplatz

Wickelmöglichkeit
In der Natur oder im Vereins-
heim (öffentliche Toilette)

Information
Tourist-Info Krün, Rathaus-
platz 1, 82494 Krün,
Tel. 08825/1094,
www.alpenwelt-karwendel.de

Unterhalb der Straße von Mittenwald nach Wallgau liegt in Krün ein attraktives Ausflugsziel für die ganze Familie. Die Gemeinde Krün hat es geschafft, einen Spielplatz mit regionalem sowie historischem Bezug zu realisieren. Der Flößerspielplatz besticht durch die Vielzahl an Spielangeboten, handgefertigten Unikaten aus natur-belassenen Hölzern und viel Liebe zum Detail.

Kleine Wasserbauingenieure

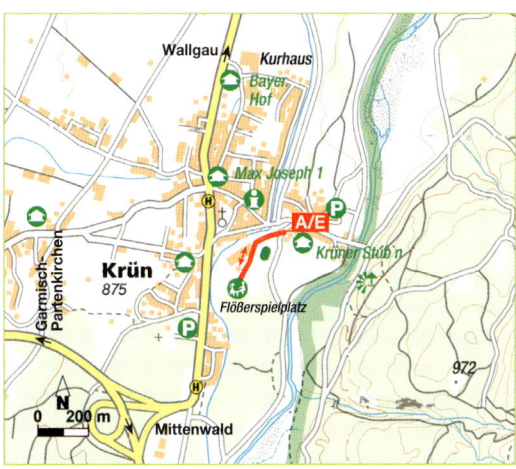

Ein heißer Sommertag, zum Wandern zu warm, die Kinder sind k. o. Was tun? Ein Ausflug nach Krün zum Flößerspielplatz ist ein absolutes Highlight für Groß und Klein. Dieser Abenteuerspielplatz bietet wirklich tolle Kletter-, Schaukel-, Matsch- sowie Wasserspielmöglichkeiten für alle Altersgruppen. Eine der Hauptattraktionen ist sicherlich das bewegliche Floß, das über einen Wellenparcours gezogen werden muss – wofür

Lotta: »Das ist der beste Spielplatz, den ich kenne.«

man durchaus auch einmal Papas starke Arme benötigt. Weitere Spielangebote wie eine Seilbahn, eine Tunnelrutsche, eine Vogelnest-Schaukel, eine Kletterwand, ein Niederseil-Klettergarten, eine Doppelwippe, eine Wackelbrücke, ein Spielfloß oder ein großer Sandbereich mit Wasserpumpe zum ordentlichen »Matschmachen« sorgen für jede Menge Abwechslung. Sogar eine BMX-Bahn für Jugendliche wurde angelegt.

Lina: »Der Klettergarten ist toll.«

Für eine kühle Erfrischung sorgt ein Bachlauf mit Stauwehr, Wasserpumpen und einem Wasserrad. Zahlreiche Sitzgelegenheiten laden dazu ein, ein Picknick zu machen, einfach zu relaxen oder den Minis beim Spielen zuzusehen. Im Sommer 2016 wurde zudem der direkt angrenzende Kiosk mit Blick auf den Spielplatz eröffnet, der in der Sommersaison von 15 bis 19 Uhr alkoholfreie Getränke, Kaffee, Kuchen, Würstchen oder Toasts anbietet.

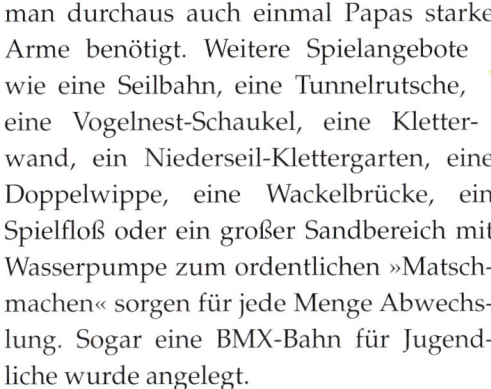

Weltmeisterlich

Wandern auf den Spuren einer Weltmeisterin – der Magdalena-Neuner-Panoramaweg auf den Krepelschrofen macht es möglich.

14 Herzogstand

Märchenort von König Ludwig II.

schwer | 4 km | 170 m | 1:15 Std.

Tourencharakter
Wanderweg bzw. -steig; geeignet für Kraxe, Tuch, zu Fuß (ab 3–4 Jahren), für Kinderwagen bedingt geeignet

Anfahrt
A 95 München–Garmisch, Ausfahrt Murnau/Kochel am See, Richtung Kochel am See und auf der B 11 über den Kesselberg nach Walchensee, dort der Ausschilderung zur Herzogstandbahn folgen

Navigationsangabe
Am Tanneneck 6, 82432 Kochel am See (GPS-Daten 47.596219, 11.317078)

Ausgangs-/Endpunkt
Parkplatz an der Herzogstandbahn

Karte
Wanderkarte 1:50000, WK 6 Alpenwelt Karwendel (Kompass)

Einkehr
Berggasthaus Herzogstand, Familie Zauner, Tel. 08851/234, www.berggasthausherzogstand.de

Wickelmöglichkeit
In der Natur, im Berggasthof

Information
Tourist-Info Kochel am See, Bahnhofstraße 23, 82431 Kochel am See, Tel. 08851/338, www.kochel.de

Der Herzogstand – Lieblingsberg der Könige. Auf dem Gipfel erwartet uns ein sagenhaftes Alpenpanorama über das Wetterstein- und Karwendelgebirge bis in die Tiroler Berge hinein. Zum 100. Todestag von König Ludwig II. wurde auf dem Berg sogar ein Denkmal für ihn errichtet.

Lotta: »Ich kann die ganze Welt sehen.«

Los geht es mit dem ersten Highlight der Tour an der Talstation der Herzogstandbahn. In etwa vier Minuten Fahrt bringt uns eine der beiden geräumigen Kabinenbahnen 800 Höhenmeter nach oben bis auf den Fahrenberg. Bereits hier wartet ein spektakulärer Ausblick auf den Walchensee, das Karwendel- sowie das Wettersteingebirge (für genauere Beobachtungen steht ein kostenpflichtiges Fernglas zur Verfügung). Ab der Bergstation führt nun ein gut ausgebauter, ebener Weg in etwa zehn Minuten zum ganzjährig bewirtschafteten Berggasthof Herzogstand. Insbesondere kleinere Kinder sollten hier unbedingt an die Hand genommen werden, da es auf der linken Seite steil bergab geht. Unterwegs kann man einige Schautafeln des neu angelegten Panorama-Naturlehrpfades entdecken, die über Fauna und Flora sowie spezielle Besonderheiten am Herzogstand informieren. Kurz bevor wir das Berggasthaus erreichen, haben wir einen guten Blick auf den serpentinenartigen Aufstieg zum Herzogstand, den Gipfel-Pavillon sowie das Gipfelkreuz. Der Berggasthof Herzogstand ist Ausgangspunkt

für viele Wanderungen. So kann man z. B. einen Abstecher zur Fahrenberg-Kapelle machen, den Martinskopf besteigen oder sogar die Gratwanderung zum Heimgarten unternehmen (erst für Kinder ab etwa sieben Jahren geeignet, mit Seilsicherung und Helm; Trittsicherheit und Schwindelfreiheit wird vorausgesetzt). Ab dem Gasthof ist der Weg nicht mehr kinderwagentauglich. Er führt uns nun die sieben Kurven zunächst zum Gipfelkreuz und weiter zum Aussichtspavillon auf dem Herzogstand. Bereits ab dem Gipfelkreuz haben wir einen wunderschönen Blick auf das Alpenvorland mit den Osterseen, dem Starnberger See, Kochel- und Walchensee und München. Am Pavillon wird dieser Ausblick noch getoppt durch einen Rundumblick auf die Alpen und das Alpenvorland. Nach einer ausgiebigen Brotzeit- und Besichtigungspause geht es auf demselben Weg hinab zum Berggasthaus und wieder zur Bergstation der Herzogstandbahn.

Lina: »Die Aussicht auf die ganzen Berge ist toll.«

Unten: »Mist, ich komm nicht hoch.«

Hey, hey, Wicki

Wie wäre es noch mit einem Besuch im Wikingerdorf Flake in Walchensee?

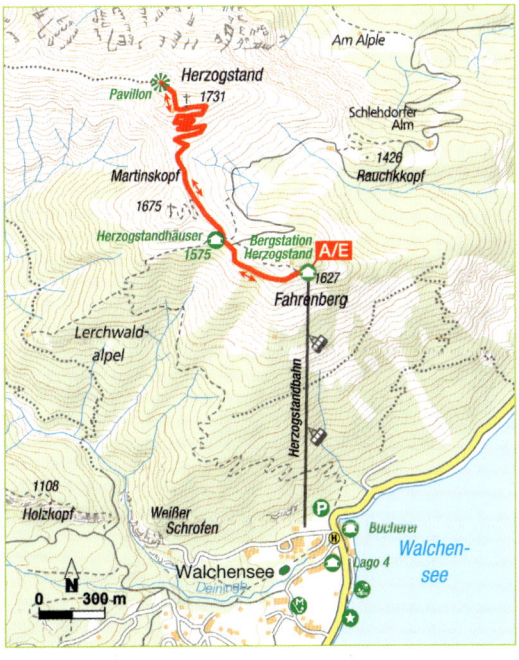

15 Barfußpfad Penzberg

Erlebnistour für nackte Sohlen

leicht	1,5 km	30 m	45 Min.

Tourencharakter
Barfußweg mit zahlreichen Stationen; geeignet für Kraxe, Tuch, zu Fuß (ab 2–3 Jahren)

Anfahrt
A95 München–Garmisch, Ausfahrt Penzberg/Iffeldorf, weiter Richtung Penzberg. Vor dem Ort rechts Richtung Huber-See und auf der Straße bis zum Café Extra bzw. Gut Hub

Navigationsangabe
Vordermeir 2, 82377 Penzberg (GPS-Daten 47.763249, 11.345559)

Ausgangs-/Endpunkt
Parkplatz am Café Extra

Karte
Wanderkarte 1:50 000, WK 182 Isarwinkel (Kompass)

Einkehr
Café Extra, Vordermeir 2, 82377 Penzberg, Mo Ruhetag, Tel. 08856/93 50 40, www.extra-penzberg.de

Wickelmöglichkeit
In der Natur oder im Café

Information
Stadtverwaltung Penzberg, Karlstraße 25, 82377 Penzberg, Tel. 08856/81 30, www.bayregio-penzberg.de

Fußgymnastikspaß bietet der Barfußpfad Penzberg mit einem sagenhaften Panoramablick von der Benediktenwand bis zum Herzogstand. Auf einer abwechslungsreichen Wegstrecke über Wiesen, Wald- und Moorboden oder Schlamm können die Minis verschiedenste Untergründe an mehreren Erlebnisstationen erforschen.

Der sagenhafte Barfußpfad mit herrlicher Aussicht startet direkt am Café Extra. Nachdem wir die Schuhe im Auto oder im Rucksack verstaut haben, wartet bereits die erste Erlebnisstation, ein wackeliger Kettensteg. Über die Wiese geht es weiter zu den Fußabdruck-Balancierbaumstämmen. Der Wegweiser, ein bunt ausgemalter Fuß oder auch ein gelber Fußabdruck, weist uns den Weg nach links am Hubersee entlang. Zuvor können die Minis noch Bekanntschaft mit dem Penzbär, einer geschnitzten Holzfigur, machen. Der gut ausgeschilderte Weg führt uns nun auf Gruben mit den verschiedenen Waldböden in den Wald hinein. Vorbei an

Lina: »Das Schlammloch ist lustig.«

der kleinen Hubkapelle laufen wir am Waldrand entlang. Vom Waldrandweg aus, der aus schön kurz geschnittenem und weichem Rasen besteht, hat man jetzt einen sagenhaften Blick nach Süden in die

Oben: Wer bleibt am längsten auf dem Balancierpfad?
Linke Seite: »Ihh, der Matsch kitzelt.«

Lotta: »Ich habe einen Deutschland-Fuß auf dem Balancierbaum entdeckt.«

Berge hinein. Am südlichen Zipfel des Wäldchens führt der Weg links herum wieder in den Wald, und wir erreichen nach einigen Metern ein Schlammloch.

Ob sich dort alle hineintrauen? Wer es nicht so gerne matschig mag, kann dieses natürlich auch umlaufen. Mit sauberen oder Matschfüßen geht es an drei Warngeistern vorbei. Über weitere Gruben mit weichem Waldboden, ein Tannenzapfen-Becken und Balancierstämmen laufen wir weiter. Sobald man den Wald verlässt, muss man durch ein kleines Moor- und Wasserbecken. Kurz nach diesem Moorbecken führt uns der Weg erneut in den Wald. Nun geht es auf dem gleichen Weg, vorbei am Penzbär, zurück zum Ausgangspunkt. Hier kann man noch einen Abstecher zum Hubersee machen, um die Füße wieder vom gröbsten Dreck zu befreien. Der Barfußpfad wird von Anfang Mai bis Ende September gewartet, sodass dem Barfußvergnügen nichts im Wege steht. Zum Abschluss winken ein kleines Fußwaschbecken sowie die Terrasse des Café Extra.

Ab in den See

Unbedingt Wechselklamotten bzw. Badesachen einpacken. Eine Abkühlung verspricht ein Sprung in den nahe gelegenen Kirnbergsee.

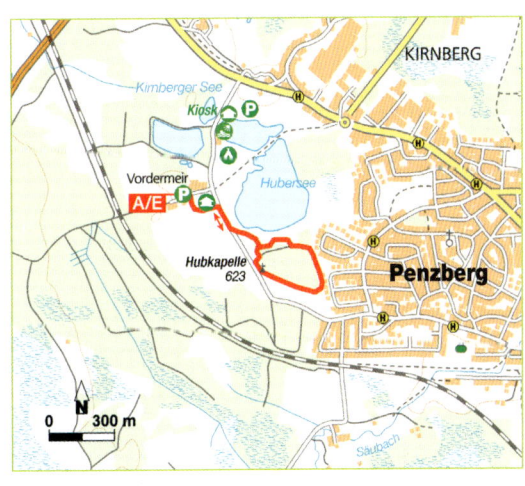

16 Lainbachwasserfall bei Kochel am See

Auf schattigen Wegen zu einem versteckten Wasserfall

mittel	4,5 km	170 m	1:15 Std.

Tourencharakter
Forststraße oder Bergweg bzw. -steig; geeignet für Kraxe, Tuch, zu Fuß (ab 4 Jahren), nicht für Kinderwagen und Laufrad geeignet

Anfahrt
A95 München–Garmisch, Ausfahrt Murnau/Kochel am See, auf der St2062 über Großweil und Schlehdorf nach Kochel am See

Navigationsangabe
Bahnhofstraße 23, 82431 Kochel am See (GPS-Daten 47.660348, 11.371157)

Ausgangs-/Endpunkt
Parkplatz am Bahnhof

Karte
Wanderkarte 1:50000, WK 182 Isarwinkel (Kompass)

Einkehr
Bauerncafé zum Giggerer, Kalmbachstraße 13, 82431 Kochel am See, Mo Ruhetag, Tel. 08851/234, www.giggerer.de

Wickelmöglichkeit
In der Natur oder im Café

Information
Tourist-Info Kochel am See, Bahnhofstraße 23, 82431 Kochel am See, Tel. 08851/5127, www.kochel.de

Der Rundweg zu den Lainbachwasserfällen hat einiges zu bieten. Bergauf, bergab, über Treppen und Brücken führt er uns durch einen schönen Mischwald. Viele Informationstafeln erklären zudem die heimische Vogelwelt. Highlight ist natürlich der »Lainbach«-Wasserfall im Laingraben.

Wir beginnen diese Tour am Bahnhof von Kochel am See. Hier überqueren wir die B11 und biegen direkt gegenüber in die Von-Aufseß-Straße ein. Dieser folgen wir auch, nachdem sie in einen Wiesenweg übergegangen ist. Am Ende des Weges

Lotta: »Ich habe Ponys entdeckt.«

biegen wir links vor den Häusern ab und treffen am Ende der Häuser rechts auf die Klambachstraße, der wir links bergan folgen. Nachdem wir über eine Brücke gegangen sind, folgen

wir dem Wegweiser Richtung Lainbachwasserfälle und gehen rechts in den Waldweg am Bach flussaufwärts. Wir überqueren den Bach im Wald noch einmal und treffen auf eine kleine Lichtung mit weiteren Häusern. Hier biegen wir in den zweiten Weg von links ein, der auch durch einen Wegweiser gekennzeichnet ist. Hinter dem Haus, an dem der Weg einbiegt, wird der Weg jetzt relativ steil und zu einem Steig. Vogellehrschilder am Weg verkürzen jedoch den Aufstieg. Oben wird der Weg aber wieder zu einem Waldweg. Der Weg ist relativ gut ausgeschildert und auch mit den Kennzeichen (Roter und Weißer Kreis) gespickt (Tipp: mit den Kindern suchen spielen), sodass man sich in dem etwas unübersichtlichen Wegenetz nicht verläuft. An

Oben: Holztipi erkunden
Linke Seite: An der Kuhweide entlang

An heißen Tagen

Planen Sie doch noch einen kurzen Abstecher zum Kochelsee ein.

einer Kreuzung der höchsten Stelle des Weges biegen wir rechts ab und können schon das Rauschen der verschiedenen Bäche hören. Nun geht es am Hang entlang und über Treppen hinunter zum Fuß des Ziels, den Lainbachwasserfall. Dem Lainbach folgen wir nun ein ganzes Stück, bis vom Weg rechts eine Abzweigung abgeht. Wenn wir diese nehmen, sind wir wieder im Ort Kochel in der Straße Am Sonnenstein. Am Ende dieser Straße wartet auf die Minis ein Spielplatz in der Alten Straße. Sobald dieser seinen Reiz verloren hat, folgen wir der Alten Straße, bis wir auf der rechten Seite eine Gärtnerei sehen. Wir gehen nun vor der Einfahrt der Gärtnerei links vor dem Zaun auf der Wiese an der Gärtnerei entlang. Dem Wiesenweg folgen wir geradeaus an einem Baum vorbei, bis wir an einem eingewachsenen Grundstück zwischen zwei Häusern auf die Straße Am Oberried ankommen. Dort gehen wir links bergab, bis wir die Kalmbachstraße erreichen. Hier können wir auch auf der linken Seite der Kalmbachstraße das Bauerncafé am Giggerer sehen und uns dort unsere wohlverdiente Brotzeit (oder was die Speisekarte so hergibt) schmecken lassen. Nach der Pause biegen wir am Ende der

Lina: »Der Wasserfall ist toll.«

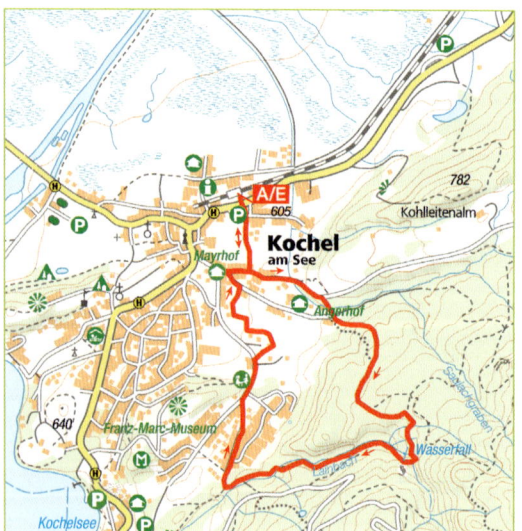

Oben: Über dem Lainbach
Rechte Seite: Suchbild mit Kind

Terrasse des Bauerncafés rechts ab und kommen auf einen Wiesenweg. Sobald wir bei diesem Weg die Abzweigung erreichen, gehen wir links in die Von-Aufseß-Straße und erreichen an deren Ende unseren Ausgangspunkt.

17 Erlebnispfade Benediktbeuern

Naturerlebnisse für Jung und Alt

leicht   3 km   10 m   50 Min.

Tourencharakter
Wiesen-/Wanderweg, Barfußpfad; geeignet für Kraxe, Tuch, zu Fuß (ab 1–2 Jahren), für Kinderwagen und Laufrad geeignet

Anfahrt
A95 München–Garmisch, Ausfahrt Sindelsdorf, auf der B472 Richtung Bichl, rechts auf die B11 Richtung Kloster abbiegen

Navigationsangabe
Don-Bosco-Straße 8, 83671 Benediktbeuern (GPS-Daten 47.708967, 11.399594)

Ausgangs-/Endpunkt
Parkplatz am Kloster

Karte
Wanderkarte 1:50000, WK 182 Isarwinkel (Kompass)

Einkehr
Klosterwirt Benediktbeuern, Zeilerweg 2, 83671 Benediktbeuern, Tel. 08857/9407, www.klosterwirt.de

Wickelmöglichkeit
In der Natur oder im Gasthaus

Information
Tourist-Info Benediktbeuern, Prälatenstraße 3, 83671 Benediktbeuern, Tel. 08857/248, www.benediktbeuern.de

Rechte Seite: »Hör mal, wie das klingt.«

Unmittelbar neben dem Kloster Benediktbeuern ermöglichen mehrere Pfade ein regelrechtes Naturerlebnis. Sei es der Barfußpfad, der Klangpfad oder ein evolutionspädagogischer Trainingsparcours, auf dem die Minis ihr Gleichgewicht testen und auch trainieren können.

Diese Tour startet am Parkplatz neben dem Kloster in Benediktbeuern. Am Parkplatz orientieren wir uns am Friedhof und gehen neben ihm und den Gebäuden des Klosters Richtung Westen. An der Jugendherberge wenden wir uns nach rechts und sehen dort schon eine breite Landwirtschaftsstraße in die Flur führen. Hier stehen auch mehrere Wegweiser, die auf die

Lina: »Auf dem Klangpfad kann man viel Musik machen.«

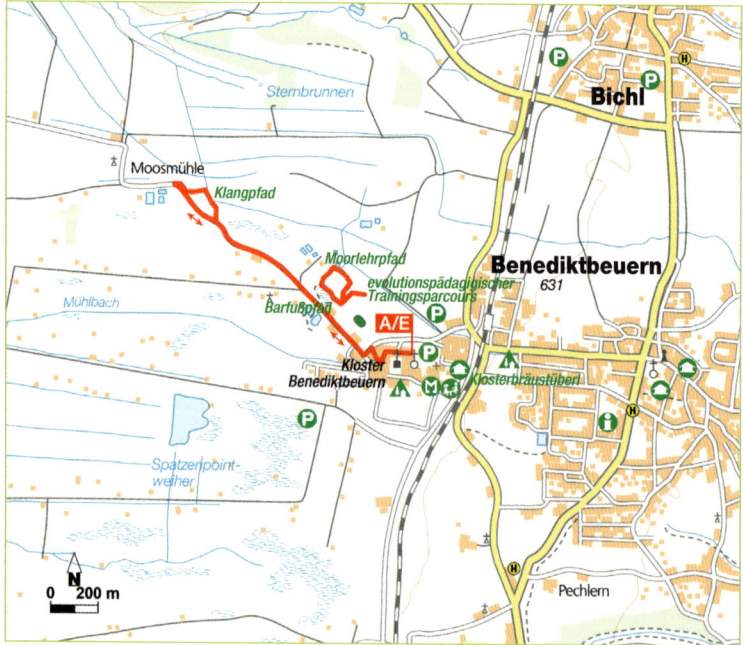

»Himmigugga« verschiedenen Pfade hinweisen. Nach einem kurzen Stück auf der Straße, die sehr gut für kleine Laufradabenteurer geeignet ist, sehen wir auf der rechten Seite einen Weg durch die Hecken führen. Dieser bringt uns zum ersten Pfad, dem Barfußpfad. Diesen erreichen wir, wenn wir den Weg etwas weitergehen. Dann kommen wir an eine Schuhabstellstation, eine größere, geschotterte Stelle mit mehreren Bänken. Wenn man hier geradeaus geht, hat man den Barfußpfad bereits erreicht. Gleich zu Beginn befindet sich ein Aussichtsturm mit Blick auf eine Eisvogelbrutwand. Neben dem Erlebnis für die Füße wird für die Erwachsenen noch die Geologie und die Vegetation des Gebietes um Benediktbeuern vorgestellt. Am Ende des Barfußrundwegs

Lotta: »Mir hat die Wippe und die Wackelscheibe gefallen.«

76

kommen wir wieder an der Wechselstation an. Von hier startet auch noch der evolutionspädagogische Trainingsparcours. Hier wird an verschiedenen Stationen das Gleichgewicht getestet und trainiert. Nach diesen beiden Pfaden wandern wir auf der breiten Straße weiter Richtung Westen und hören vielleicht nach etwa 500 Metern auf der rechten Seite bereits den Klangpfad. Am besten geht man aber noch 250 Meter weiter auf der Straße und biegt dann erst rechts in den Klangpfad ein. Dieser Weg entführt in eine Klangwelt mit Mitmach-Stationen und unzähligen Windspielen in den Bäumen. Zurück geht es dann wieder auf der Landwirtschaftsstraße zum Kloster. Einkehren kann man gut im Klosterhof, der in Sichtweite zum Biergarten einen Spielplatz bereithält.

»Das dreht sich!«

Sehenswert

Machen Sie doch einen kurzen Abstecher in die Klosterkirche.

»Mist, jetzt hab' ich
mich verlaufen.«

18 Moorerlebnispfad Benediktbeuern

Als Entdecker durch einen Moorurwald

| leicht | 6 km | 10 m | 2 Std. |

Tourencharakter
Landwirtschaftsstraße, Bohlenweg, Baumstämme; geeignet für Kraxe, Tuch, zu Fuß (ab 2–3 Jahren), für Kinderwagen und Laufrad nur bis zum Einstieg geeignet

Anfahrt
A95 München–Garmisch, Ausfahrt Sindelsdorf, auf der B472 Richtung Bichl, rechts auf die B11 Richtung Kloster abbiegen

Navigationsangabe
Don-Bosco-Straße 8, 83671 Benediktbeuern (GPS-Daten 47.708967, 11.399594)

Ausgangs-/Endpunkt
Parkplatz am Kloster

Karte
Wanderkarte 1:50000, WK 182 Isarwinkel (Kompass)

Einkehr
Klosterwirt Benediktbeuern, Zeilerweg 2, 83671 Benediktbeuern, Tel. 08857/9407, www.klosterwirt.de

Wickelmöglichkeit
In der Natur oder im Gasthaus

Information
Tourist-Info Benediktbeuern, Prälatenstraße 3, 83671 Benediktbeuern, Tel. 08857/248, www.benediktbeuern.de

Am Kloster Benediktbeuern wurde ein ganzes Sammelsurium von verschiedenen Erlebnispfaden angelegt. In der vorhergehenden Tour wurden schon drei vorgestellt. Hier nun noch der Moorerlebnispfad, der es uns in seiner Ursprünglichkeit und dem Abwechslungsreichtum des Weges angetan hat.

Wie bei Tour 17 starten wir am Parkplatz des Klosters. Auch der Zugang ist gleich, nur ist der Weg zum Moorerlebnis wesentlich länger. Selbst nach dem Klangerlebnispfad muss man noch etwa eineinhalb Kilometer gehen. Aber die Vogelbeobachtungsstation Moosmühle, der Segelflugplatz von Benediktbeuern und der Gehölzpfad Klosterwald vertreiben die Zeit bis zum Moorerlebnis. Tipp: Gehen Sie den Weg mit einem Zweitklässler bzw. einer Zweitklässlerin, dann lernt man am lebenden Objekt die Hecke kennen. Kleinere freuen sich, Tierdetektiv zu spielen

> Lina und Lotta: »Wir haben eine Floßfahrt über ein Moor gemacht. Das war toll.«

und die geschnitzten Tiere rechts und links vom Weg zu entdecken. Der Weg ist sehr gut für Laufradfahrer geeignet. Das Moorerlebnis selbst erreicht man nach einer langen Gerade auf der rechten Seite. Hier geht es auf einem Baumstamm mit Geländer auf balancierende Weise direkt in den Moorurwald. Nach dieser Balancierstrecke gehen wir auf einem Bretterweg weiter. An einer Abzweigung geht es geradeaus zu einem Moorsee, auf dem ein Ziehfloß auf die Moorpiraten wartet. Sollte es nicht an dieser Anlegestelle warten, geht man wieder zurück zur Abzweigung und folgt dem dort abbiegenden Weg durchs Moor auf Brettern sowie Baumstämmen und entdeckt im Moorwald noch weitere Stationen – eine Seilbahn sowie ein Schwebebrett. Nach diesen Stationen kommt man am anderen Anleger des Ziehfloßes an. Dieses ist als Rundweg konzipiert, sodass es egal ist, auf welcher

Seite das Floß ist. Mit kleineren Kindern muss man auf dem Floß besonders gut aufpassen, da es sehr wackelig ist. Auch Mamas und Papas mit Babys im Tuch oder in der Kraxe müssen hier sehr achtsam sein. Falls man unsicher ist, geht man lieber wieder den Weg zurück, bevor man im Moorsee landet. Nach diesem Erlebnis im Moor geht es den gleichen Weg wieder zurück. Natürlich kann man diesen Weg auch mit der vorherigen Tour zu einer kombinieren. Dazu sollte man aber etwas Zeit mitbringen und motivierte Minis dabeihaben.

Unten: Komische Piraten

Über den Wolken

Bei schönem Wetter gibt es sicher einige Segelflugzeuge bei Start und Landung zu beobachten.

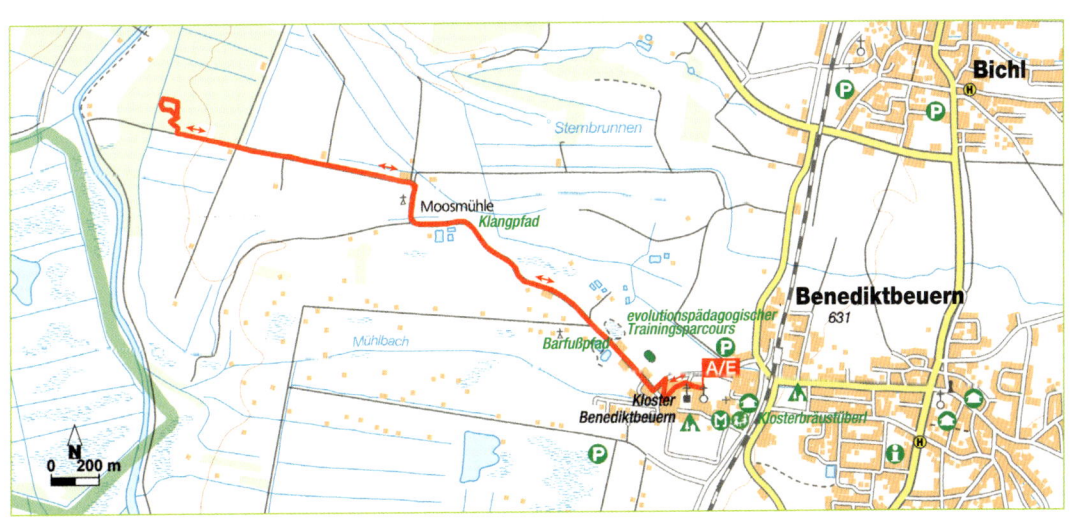

19 Walderlebnispfad Wolfratshausen

Mit Lupus, dem Wolf, auf Erkundungstour

| schwer | 2 km | 170 m | 1:30 Std. |

Tourencharakter
Wanderweg; geeignet für
Kraxe, Tuch, zu Fuß (ab 3–4
Jahren), nicht für Kinderwagen
und Laufrad geeignet

Anfahrt
A 95 München–Garmisch, Ausfahrt Wolfratshausen, auf der
St 2370 nach Wolfratshausen,
im Ort über die Loisach

Navigationsangabe
Josef-Bromberger-Weg 1,
82515 Wolfratshausen
(GPS-Daten 47.914180,
11.420224)

Ausgangs-/Endpunkt
Parkplatz Altstadt

Karte
Umgebungskarte 1:50 000,
UK 50–52, Tölzer Land (LDBV
Bayern)

Einkehr
Unterwegs keine; Familiencafé Mauseloch, Humplgasse
3, 82515 Wolfratshausen,
Mo und Di Ruhetag, Tel.
08171/997 44 31, www.
familiencafe-mauseloch.de

Wickelmöglichkeit
In der Natur, im Familiencafé

Information
Tourist-Info Wolfratshausen,
Marienplatz 1, 82515 Wolfratshausen, Tel. 08171/
21 40, www.wolfratshausen.de

Über einen zwei Kilometer langen Pfad erklärt uns der Wolf Lupus an 15 Stationen Wissenswertes über den Bergwald und seine Bewohner. Gemeinsam kann man sich auf die Pirsch begeben oder einen Weitsprung-Wettkampf veranstalten. Zum Abschluss ist ein Besuch im Familiencafé Mauseloch sehr zu empfehlen.

Wie starten die Tour am Parkplatz am Josef-Bromberger-Weg bei der Loisachhalle. Vom Parkplatz aus überqueren wir direkt über den Sebastiani-Steg die Loisach. Am anderen Ufer gehen wir über die Straße und durch die Rathauspassage. Nun stehen wir bereits vor der Kirche St.

Lina: »Der Tier-Weitsprung ist cool.«

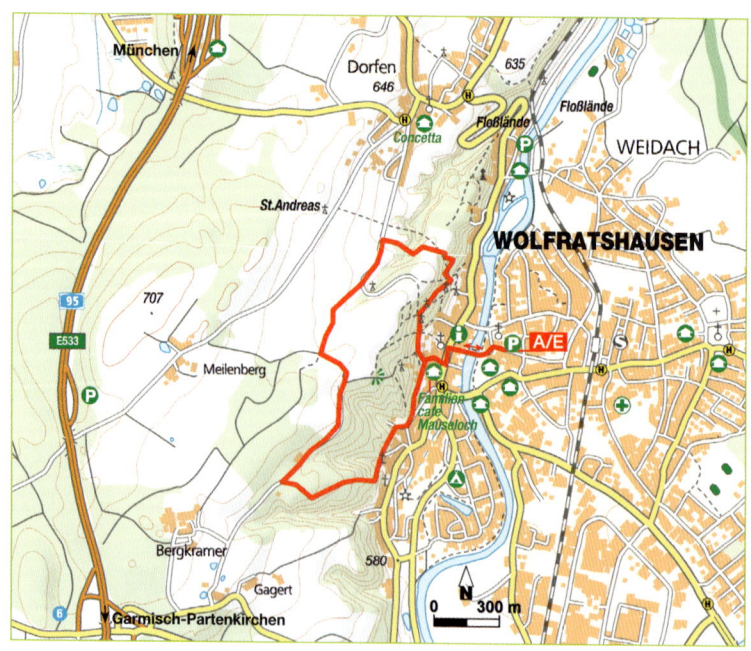

Andreas, an welcher wir nach einer weiteren Straßenquerung rechts vorbeigehen. Hier können wir das Loisachhochufer sehen. Kurz nach der Kirche erreichen wir Treppen, die wir mit einer Rechtskurve bis zum Ende erklimmen. Oben angekommen sind wir auf dem Eichheimweg und sehen bereits die ersten Infoschilder und Wegweiser zum Walderlebnispfad. Wir folgen dem Wegweiser nach links, gehen ein kurzes, ebenes Stück und steigen nach etwa 50 Metern, nach der Station »Der Wald als Lieferant«, weiter rechts bergan. Während des Aufstiegs kommen wir an einer interaktiven Station vorbei. »Der Schwamm des Waldes« hat unseren Minis sehr gut gefallen, weil man hier gut planschen kann. Zwischen dieser Station und der Barfußstation erreichen wir auch noch eine Bank, die zur Rast einlädt. Dann geht es rechts weiter bergan. Am Barfußpfad haben wir nun das Hochufer endgültig erklommen und gehen rechts zwischen Golfplatz und Waldrand weiter. Am Waldrand erwarten uns

»Bin ich schon ein Bussard?«

viele verschiedene Stationen wie ein Waldtelefon, »Klatsch und Tratsch im Wald«, ein »singender Wald«, Bienen, Tierweitsprung und der »Gänsewein«. Nach dieser Station laufen wir rechts wieder bergab und gehen auf die Pirsch, indem wir die verschiedenen Tiere im Wald suchen. Immer weiter bergab erlaufen wir, wie groß ein Baum eigentlich ist. Wir erfahren, wie uns der Wald nützt, wie alt ein Baum werden kann und dass Totholz gar nicht so tot ist, wie uns der Name glauben lassen will. Nach dem Totholz haben wir auch schon den Ausgangspunkt des Pfades an der Treppe erreicht. Nun steigen wir wieder treppab und kommen erneut an der Kirche vorbei. Wenn man das Familiencafé Mauseloch besuchen möchte, geht man nach der Kirche rechts den Obermarkt entlang und biegt dann gleich wieder rechts in die Humplgasse ein. Dort sehen wir etwas weiter oben bereits das Schild zum Familiencafé. Zurück zum Parkplatz gehen wir anschließend einfach durch die Humplgasse und im Anschluss die Seilergasse zur Loisach, dann links und schon sehen wir wieder die Fußgängerbrücke.

Rätselraten

Ältere Minis (ab etwa 7 Jahren) finden auf der Homepage der Stadt Wolfratshausen ein Quiz zum Downloaden.

Lotta: »Ich bin auf Tiersuche gegangen.«

Links: Wandergesellschaft
Linke Seite: »Da geht's lang!«

20 Kräuter-Erlebnispark Bad Heilbrunn

Naturgenuss pur

| leicht | 1 km | 40 m | 30 Min. |

Tourencharakter
Wanderweg; geeignet für Kraxe, Tuch, zu Fuß (ab 1–2 Jahren), für Kinderwagen und Laufrad geeignet

Anfahrt
A95 München–Garmisch, Ausfahrt Sindelsdorf, auf der B472 Richtung Bad Tölz, in Bad Heilbrunn links Richtung Wörnerweg

Navigationsangabe
Wörnerweg 4, 83670 Bad Heilbrunn (GPS-Daten 47.748325, 11.457342)

Ausgangs-/Endpunkt
Kleiner Parkplatz am Kurpark

Karte
Wanderkarte 1:50 000, WK 182 Isarwinkel (Kompass)

Einkehr
Bistro-Café am Kräuterpark, Wörnerweg 4, 83670 Bad Heilbrunn, Di Ruhetag, Tel. 08046/186 41 16, www.dasbistrocafe.de

Wickelmöglichkeit
Im Bistro-Café

Information
Tourist-Info Bad Heilbrunn, Wörnerweg 4, 83670 Bad Heilbrunn, Tel. 08046/323, www.bad-heilbrunn.de

Über 400 verschiedene Wild-, Heil- Tee-, und Küchenkräuter gilt es in diesem Park zu erkunden. Ein kleiner Spielplatz, ein Beobachtungsturm sowie ein Teich versprechen jede Menge Spaß. Im Kräuterladen mit Bistro kann man zudem hochwertige Kräuterprodukte probieren und käuflich erwerben.

Ein großes Schild weist uns bereits den Weg zum Kräuter-Erlebnispark Bad Heilbrunn. Vor dem eigentlichen Start des Parks entdecken die Minis jedoch sicherlich sofort den schön angelegten Spielplatz. Vorbei an einem Bachlauf, der direkt zum Pritscheln auffordert, gelangen wir zu Beeten mit Küchenkräutern bzw. Duftkräutern. Wie wohl der Ananassalbei riecht? Oder das Currykraut? Das müssen wir natürlich genauestens testen. Wir kommen an einer Wildstrauchhecke vorbei zum Teich, in dem Goldfische und Karpfen zu beobachten sind. Weiter geht es zum Wildbienenhaus und zum Kräutergarten, einem Schulprojekt der Grundschule Bad Heilbrunn. Schließlich machen wir einen kurzen Abstecher in den hinteren Teil des Kräuter-Parks, zum Krebsenbach und zum Zauberwald. Wieder am Kräutergarten angekommen, halten wir uns rechts und nehmen Kurs auf die Beobachtungsplattform. Von oben werden die Minis sogleich das Tee-Labyrinth entdecken. Ob sie den Weg hinein- und vor allem auch wieder herausfinden? Gegenüber vom Tee-Labyrinth befindet sich ein wahres Minze-Paradies, ob Orangen-Minze, Ananas-Minze, Bananen-Minze oder Nana-Minze … an allen muss man natürlich mal schnuppern. Wir gehen weiter

> Lotta: »Ich fand das Labyrinth toll.«

> Lina: »Findet ihr die Bananenminze im Minzgarten?«

»Geh' schon mal vor … ich komm dann nach.«

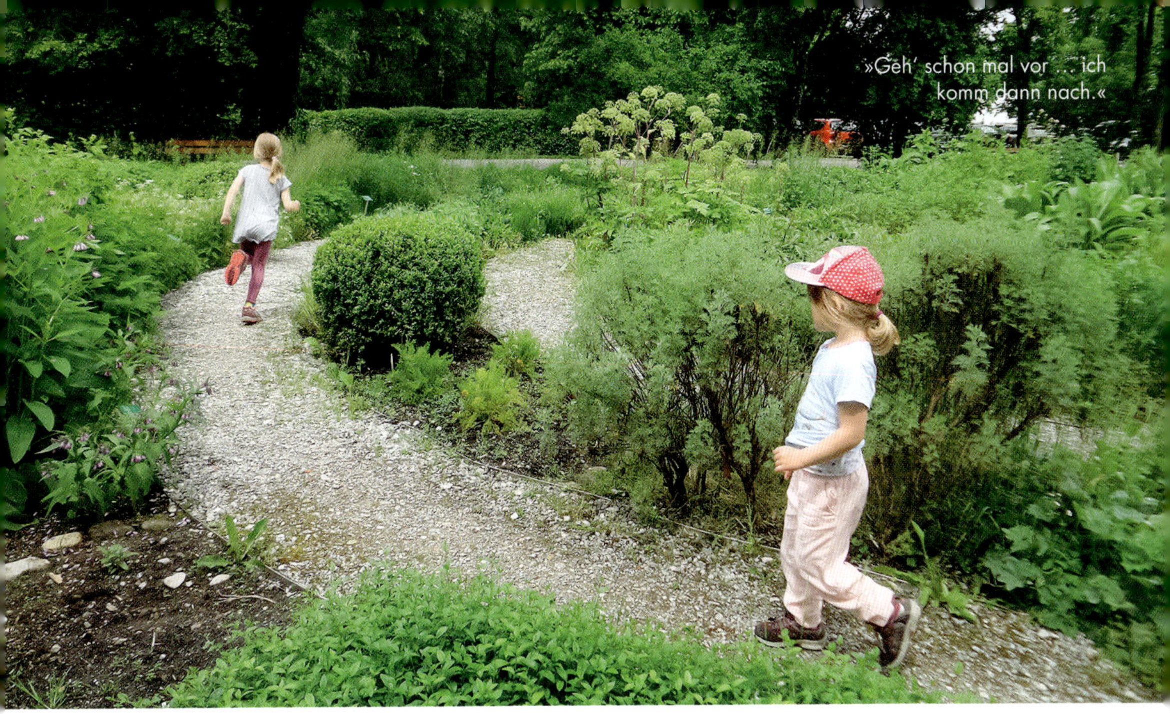

und erreichen bald wieder den Spielplatz. Im angrenzenden Bistro-Café kann man auf der Terrasse bei einer Tasse Kaffee und einem Stück Kuchen den Kindern beim Toben auf dem Spielplatz zusehen. Dieser Weg eignet sich besonders gut zusammen mit dem Großeltern, da die Minis auf diesem Weg von allein langsamer gehen, weil es sooo viel zu erschnuppern gibt.

Für Kraxler

In der Nähe gibt es einen schönen leichten Klettergarten und eine sehr familiäre Kletterhalle.

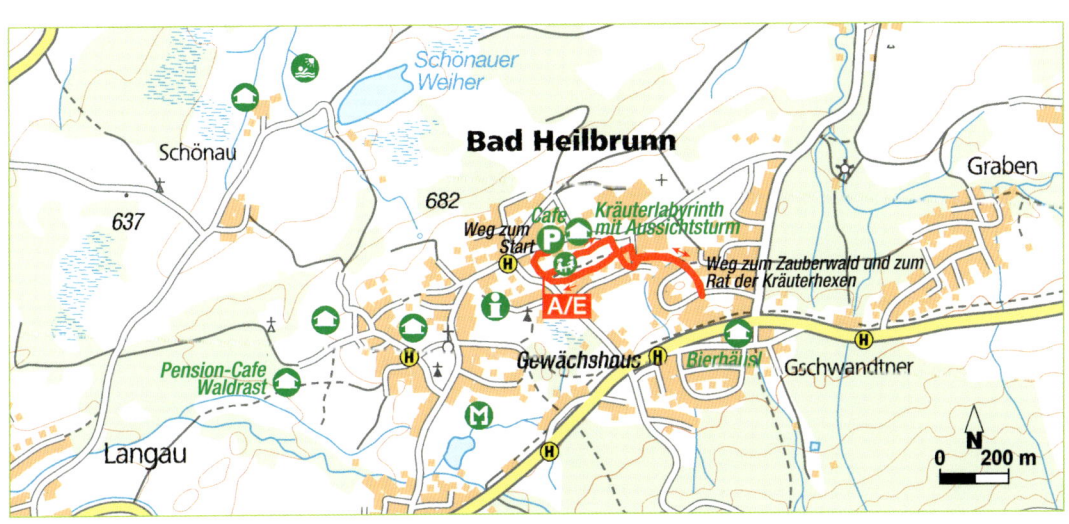

»Schau, da sind die Goldfische!«

21 Ahornboden

Willkommen im Naturschauspiel Karwendel

| leicht | 2 km | 20 m | 40 Min. |

Tourencharakter
Forstweg oder Teerstraße; geeignet für Kraxe, Tuch, zu Fuß (ab 1–2 Jahren), für Kinderwagen und Laufrad geeignet

Anfahrt
A 8 München–Salzburg, Ausfahrt Holzkirchen, über die B 13 nach Bad Tölz, vorbei am Sylvensteinspeicher, rechts Richtung Vorderriss weiter bis in die Eng (Achtung: Mautgebühr 4,50 € bereithalten)

Navigationsangabe
Risstal Landesstraße, 6215 Österreich (GPS-Daten 47.402571, 11.566763)

Ausgangs-/Endpunkt
Parkplatz P10 in der Eng

Karte
Wanderkarte 1:50000, WK 6 Alpenwelt Karwendel (Kompass)

Einkehr
Restaurant Rasthütte, Tel. 0043 (0)5245/226, 0043 (0)67684/118520, rasthuette@engalm.de

Wickelmöglichkeit
In der Natur oder im Berggasthof

Information
Agrargemeinschaft Eng Alm, Postfach 39, A-6130 Schwaz, 0049 (0)676 84118517, info@engalm.de

Im Ahornboden reichen die majestätischen Gipfel des Karwendels, die das Hochtal von drei Seiten umschließen, bis in den Himmel. Der blaue Himmel, die Gipfel im Schnee, die tiefgrünen Latschenflächen an Hängen und die golden und rot schimmernden Blätter des Bergahorns zaubern eine wunderschöne Atmosphäre.

Die Anreise zum großen Ahornboden ist für sich schon ein Abenteuer. Die Strecke führt an wirklich vielen Schmuckstücken der Alpen vorbei. Man fährt die Isar entlang zum Sylvensteinspeicher, am Ort Fall vorbei nach Voderriß, Hinterriß, bis man schließlich den Ahornboden er-

Lina: »Sucht mal den Baum mit dem Loch.«

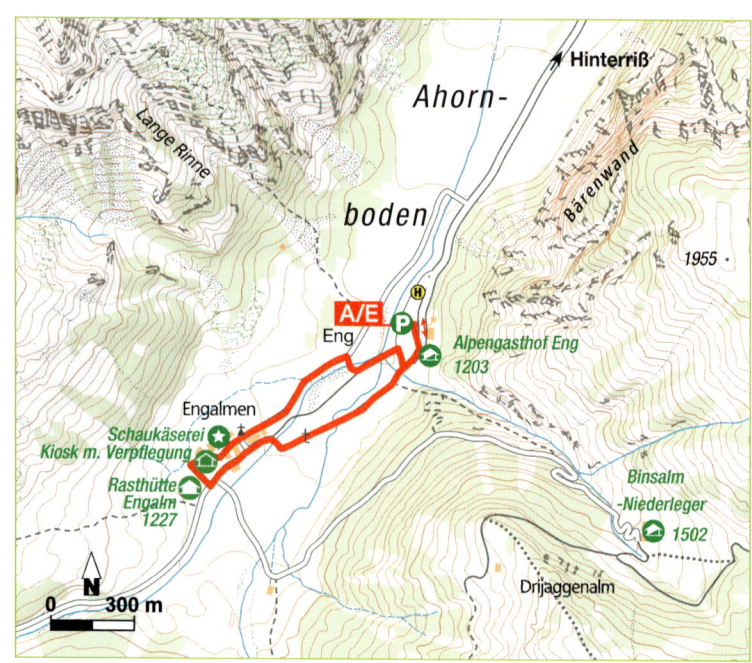

reicht. Die Tour selbst beginnt am Parkplatz vom Berggasthof Eng. Von dort folgen wir nicht der Teerstraße, sondern gehen rechts den Schotterweg in Richtung des Alm-dorfs. Nachdem wir den Enger-Grund-Bach überquert haben, wenden wir uns nach links und können über die Almweiden bereits das Dorf sehen. Sobald wir das Dorf erreicht haben, gehen wir links und tretten auf den Hauptweg des Dorfes. Hier erwarten uns eine Schaukäserei (nur in den Sommermonaten), ein Bauernladen und am Ende des Dorfes das Restaurant Rast-hütte. Im Bauernladen kann man den im Dorf

»Da ist bestimmt was zu essen drin!«

Früh aufstehen!

An schönen Tagen lohnt es sich, nicht zu spät loszufahren, da der Ahorn-boden als Ausflugsziel sehr bekannt und beliebt ist.

hergestellten Käse und andere Tiroler Spezialitäten erwerben und auf den Bänken vor dem Laden gleich in der Sonne genießen. An der Rasthütte finden die Minis einen Spielplatz und eine Ziegenweide (Kühe gibt es im Sommer im ganzen Dorf). Zurück zum Berggasthof gehen wir nun auf der Teerstraße, und an den Infoständen erfahren wir Wissenswertes über die Eng und den Bergahorn. Für

Lotta: »Ich fand die Babyziege süß.«

uns war es mehr ein Ausflug als eine Tour, aber die Schönheit und Ruhe, die der Ahornboden ausstrahlt, zieht nicht nur uns, sondern auch die Minis in ihren Bann.

Linke Seite: »Der ist tatsächlich hohl …«
Unten: Im Ahornboden

22 Reiseralm

Auf zur Wildtierfütterung

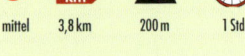

mittel | 3,8 km | 200 m | 1 Std.

Tourencharakter
Forststraße; geeignet für Kraxe, Tuch, zu Fuß (ab 3–4 Jahren), für Sportkinderwagen geeignet, nicht für Laufrad geeignet

Anfahrt
A 8 München–Salzburg, Ausfahrt Holzkirchen, über Bad Tölz nach Lenggries, dort der Ausschilderung Brauneck-Bergbahn folgen

Navigationsangabe
Bergbahnstraße, 83661 Lenggries (GPS-Daten 47.675913, 11.554662)

Ausgangs-/Endpunkt
Parkplatz an der Brauneck-Bergbahn

Karte
Wanderkarte 1:50 000, WK 182 Isarwinkel (Kompass)

Einkehr
Reiseralm, 83661 Lenggries, im Sommer Mo Ruhetag, Tel. 08042/8302, www.reiseralm.de

Wickelmöglichkeit
In der Natur, an der Talstation der Brauneck-Bergbahn oder in der Alm

Information
Tourist-Info Lenggries, Rathausplatz 2, 83661 Lenggries, Tel. 08042/5008800, www.lenggries.de

Neben dem Skizirkus um die Brauneck-Bergbahn versteckt sich ein kleines, aber feines Ausflugsziel für unsere Minis. Die Reiseralm lockt mit einem Wildgehege, einem kleinen Spielplatz, einer tollen Aussicht und einem »griabigem« Hüttenwirt.

Die Tour startet am Parkplatz der Braunecker Bergbahn. Geht man vom Parkplatz zu den Häusern und Hütten der Skischulen, sieht man bereits von Weitem die gelben Hinweisschilder, die auf die Reiseralm (und im Winter auf die Rodelbahn) nach links weisen. Wir folgen diesen Schildern an der Kabinenbahn vorbei, bis wir auf einer gut ausgebauten Forststraße rechts in den Wald einbiegen. Diese Straße (im Winter ist das die Rodelstrecke, also Vorsicht beim Aufstieg) führt uns direkt zur Reiseralm. Die Strecke ist recht abwechslungsreich, da sie ab und zu die Seile der Kabinenbahn quert und Einblicke auf die Skistrecke und das Isartal bietet. Bald erreichen wir das Hirschgehege, aus dem

> Lotta: »Die Hirschkuh hat Papa ein Bussi gegeben.«

> Lina: »Wir durften in der Baggerschaufel wieder nach oben fahren.«

uns neugierig die Hirsche beobachten. Etwas weiter oben kann man auch schon die Alm erspähen. Wir gehen nun immer

weiter links am Gehege vorbei. Kurz führt die Forststraße vom Gehege weg. Ohne Kinderwagen kann man den Fußweg am Zaun entlang, vorbei an der Futterstelle, weiter zur Alm aufsteigen. Mit Kinderwagen bleibt man einfach auf der Forststraße. In der gemütlichen Alm lassen wir uns einen warmen Kakao schmecken. Im Sommer geht auch eine kühle Limonade auf der Terrasse, von der man einen tollen Ausblick auf das Isartal und Lenggries hat. Im Winter ergeben sich schöne Ausblicke, da die Reiseralm an einem Westhang liegt und man aus dem Schatten auf das sonnenüberflutete Tal und die goldenen Osthänge blickt. Zurück geht es auf dem gleichen Weg, entweder zu Fuß oder im Winter wesentlich rasanter mit dem Rodel.

Oben: Schneeballschlacht
Linke Seite: »Ich glaub' mich knutscht ein Hirsch!«

Schlittengaudi

Im Winter startet von der Reiseralm die Rodelbahn für Klein und Groß.

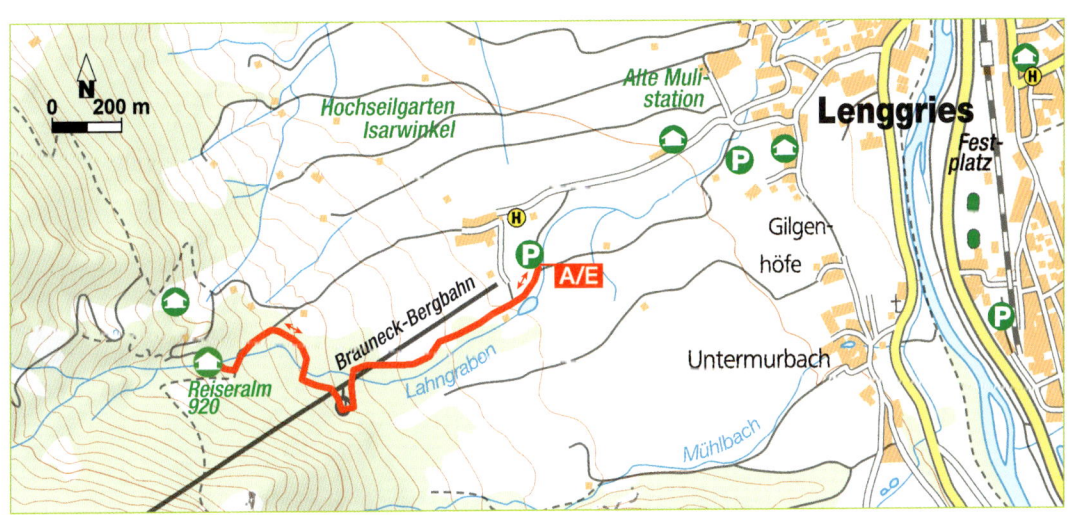

23 Waldherr-Alm

Zum Warmlaufen

| leicht | 2 km | 50 m | 30 Min. |

Tourencharakter
Forststraße, Waldweg; geeignet für Kraxe, Tuch, zu Fuß (ab 1–2 Jahren), für Sportkinderwagen bedingt geeignet, nicht für Laufrad geeignet

Anfahrt
A 8 München–Salzburg, Ausfahrt Holzkirchen, über die B 13 und B 472 nach Bad Tölz, weiter auf der St 2072 Richtung Wackersberg

Navigationsangabe
Lehen 12, 83646 Wackersberg (GPS-Daten 47.723049, 11.531557)

Ausgangs-/Endpunkt
Parkplatz Ziesel

Karte
Wanderkarte 1 : 50 000, WK 182 Isarwinkel (Kompass)

Einkehr
Waldherr-Alm, Lehen 14, 83646 Wackersberg, Mo und Di Ruhetag, Tel. 08041/95 20, www.waldherralm.de

Wickelmöglichkeit
In der Natur oder in der Alm

Information
Gemeinde Wackersberg, Bachstraße 8, 83646 Wackersberg, Tel. 08041/79 92 80, www.wackersberg.de

Die Waldherr-Alm ist ein beliebtes Ausflugsziel für Familien bzw. auch idealer Startpunkt für längere Touren, z. B. zum Blomberg. Die Alm punktet bei den Kleinen mit einer »Oim Ranch«, dem Zuhause von Lamas, drei Eseln, einem Schwein sowie einem Nagergehege.

Diese Tour ist eher ein kurzer Spaziergang, aber ein äußerst lohnenswerter. Wir starten am Parkplatz Ziesel (Achtung: An schönen Tagen ist der Parkplatz sehr ausgelastet.). Die Waldherr-Alm begrüßt uns bereits von einem kleinen Hügel ober-

Lina: »Der Weg durch den Wald ist toll.«

halb des Parkplatzes. Die Minis zu motivieren sollte hier also kein Problem sein. Insbesondere, da hinter der Alm die Oim-Ranch liegt. Dort wartet auf die Minis ein kleiner Streichelzoo. Neben Eseln, Schafen, Kaninchen und Meerschweinchen sind

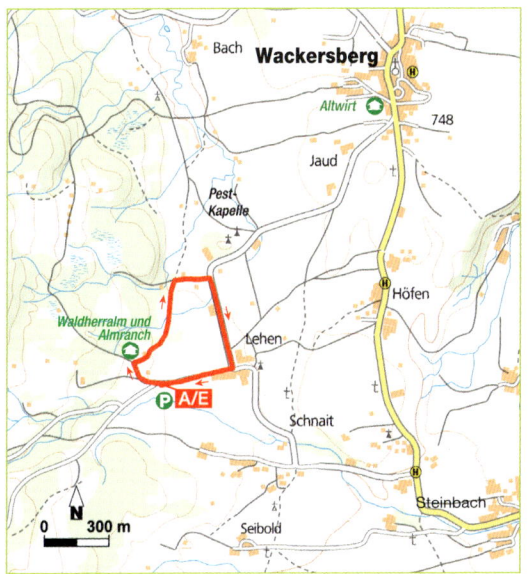

hier auch noch Lamas zu bestaunen. Von der Sonnenterrasse der Alm haben die Eltern und Großeltern einen herrlichen, sonnigen Aussichtsplatz auf die Berge und das Isartal. Nach dem Streicheln der Tiere und dem Genießen einer deftigen Brotzeit machen wir uns wieder an den Abstieg. Dazu gehen wir aber nicht wieder die Teerstraße zum Parkplatz, sondern folgen am östlichen Ende der Terrasse dem Wiesenweg an den Kuhweiden entlang in das kleine Waldstück (für Kinderwagen nicht geeignet). Wir durchqueren es auf diesem

Oben: Und durch die Beine durch.
Linke Seite: »Ob das Lama spuckt?«

Lotta: »Mir haben die Lamas gefallen.«

Weg, den wir dann auch über die folgenden Weiden gehen. An der Kreuzung biegen wir rechts ab, um nach einem kurzen Marsch erneut rechts in die kleine Teerstraße einzubiegen, die uns wieder zurück zum Parkplatz führt. Hier bitte an schönen Tagen Vorsicht walten lassen, da doch mehrere Autos unterwegs sein werden, glücklicherweise aber nicht besonders schnell.

24 Isarpyramiden

Pyramiden an der Isar?

leicht · 2 km · 20 m · 40 Min.

Tourencharakter
Wanderweg; geeignet für Kraxe, Tuch, zu Fuß (ab 1–2 Jahren), für Kinderwagen und Laufrad geeignet

Anfahrt
A 8 München–Salzburg, Ausfahrt Holzkirchen und weiter Richtung Bad Tölz, auf der B 13 weiter nach Lenggries. Nach etwa 1 km rechts Richtung Wolfratshausen nach Steinbach, kurz vor Bibermühle rechts

Navigationsangabe
(GPS-Daten 47.726890, 11.555795)

Ausgangs-/Endpunkt
Parkplatz zwischen Bibermühle und Steinbach

Karte
Wanderkarte 1:50 000, WK 182 Isarwinkel (Kompass)

Einkehr
Unterwegs keine; in Lenggries oder Bad Tölz

Wickelmöglichkeit
In der Natur

Information
Gemeinde Wackersberg, Bachstraße 8, 83646 Wackersberg, Tel. 08041/79 92 80, www.wackersberg.de

»Was soll denn das?«, mag man denken. Doch wenn man die in mühevoller Arbeit aufgeschichteten Pyramiden sieht, merkt man, dass es das Beste ist, was man an so einem steinreichen Fluss wie der Isar machen kann.

Die Tour beginnt auf einem kleinen Parkplatz an der Staatsstraße 207 zwischen Bibermühle und Steinbach. Von diesem Parkplatz geht nur ein Weg ab, dem wir in Richtung Isar folgen. Sehr bald kommen wir in die typische Isarauenlandschaft mit den kleingewachsenen Fichten und Kiefern und dem Weiden-Wacholderbewuchs. Mit den Minis kann man hier auch viele spannende Pflanzen entdecken und erforschen. Der Weg selbst schlängelt sich relativ ruhig, ohne größere Abzweigungen zur Isar hin. Nach etwa 500 Metern hört man auch schon die Isar und kann auf den Uferweg wechseln. Dazu muss man rechts weiter zur

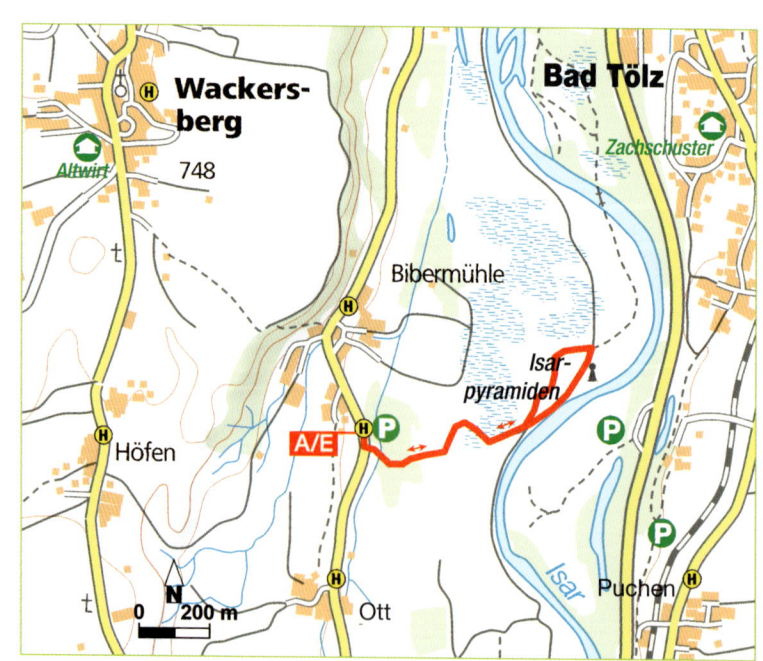

Isar hin. Sobald wir den Uferweg erreicht haben, begleiten wir die Isar ein Stück flussabwärts. Vom Uferweg kann man bereits auf der großen Schotterfläche im nächsten Isarbogen die Pyramiden ausmachen. Die Isar biegt nun vom Weg ab, sodass wir durch ein kleines baumbewachsenes Stück kommen. Kurz danach erreichen wir eine weitläufige Kreuzung, an der wir rechts abbiegen und nach wenigen Metern auf der Schotterflä-

Lina und Lotta: »Die Steinpyramiden sind echt toll.«

Am Isarstrand

che stehen. Hier kann man nun das »Isarflimmern«, wie es der Isarindianer Willy Michl besingt, genießen:
»… Sommersonne auf weißem Kies, daneben der smaragdgrüne Fluss, wenn dann noch die Zeit still steht – dann ist das Isarflimmern im Paradies.«
Unsere Minis hatten sehr viel Spaß durch die Pyramiden zu flitzen, sich dahinter zu verstecken oder selbst kleine Pyramiden zu bauen. Auch Steine müssen natürlich geworfen werden, und dann kann man noch den ab und zu vorbeifahrenden Schlauchbooten zuwinken. Zurück geht man entweder den gleichen Weg oder man geht an der Kreuzung geradeaus. Falls man geradeaus geht, biegt der Weg, kurz danach links ab und trifft nach 300 Metern auf den Hinweg, in den wir rechts einbiegen und bald den Parkplatz wieder erreichen.

Noch fit?
Wie wäre es, diese Tour mit der Waldherr-Alm zu kombinieren?

25 Spielplatz-Hopping in Bad Tölz

Ein Highlight jagt das nächste

| leicht | 3,5 km | 100 m | 1 Std. |

Tourencharakter
Teerstraße, Wanderweg, Spielplatz; geeignet für Kraxe, Tuch, zu Fuß (ab 2–3 Jahren), für Kinderwagen bedingt geeignet, nicht für Laufrad geeignet

Anfahrt
A 8 München–Salzburg, Ausfahrt Holzkirchen und weiter Richtung Bad Tölz, in Bad Tölz Richtung Zentrum/Parkhaus Bockschützstraße

Navigationsangabe
Bockschützstraße 14, 83646 Bad Tölz (GPS-Daten 47.757984, 11.556316)

Ausgangs-/Endpunkt
Parkplatz an der Bockschützstraße (P3)

Karte
Wanderkarte 1:50 000, WK 182 Isarwinkel (Kompass)

Einkehr
Unterwegs keine; in Bad Tölz

Wickelmöglichkeit
In der Natur

Information
Tourist-Info Bad Tölz, Max-Höfler-Platz 1, 83646 Bad Tölz, Tel. 08041/78670, www.bad-toelz.de

Das Spielen steht hier eindeutig im Vordergrund, und ganz nebenbei vertreten wir uns auch ein bisschen die Beine. Ein gemütlicher Spaziergang bringt uns an der Isar entlang zu zwei schön liegenden Spielplätzen. Wem das zu wenig ist, der kann noch den Kalvarienberg erklimmen.

Nachdem wir unser Auto im Parkhaus an der Bockschützstraße geparkt haben, laufen wir, mit herrlichem Blick auf den Kalvarienberg, den Promenadenweg direkt an der Isar entlang. Wir unterqueren die Brücke und bleiben immer auf der Isarpromenade. Etliche Bänke laden zum

Lina und Lotta: »Die Spielplätze sind toll.«

Rechte Seite: Kletterfelsen in Bad Tölz

Beobachten der Enten ein oder dazu, ein Eis zu genießen, das man vielleicht noch schnell bei einem vorherigen Abstecher in die Marktstraße gekauft hat. Im Sommer sieht man hier an der Isarpromenade oftmals mehrere Slacklines gespannt und kann die Balancierkünste der »Seiltänzer« bewundern. Schon bald werden die Minis den ersten Spielplatz mit einem großen Piratenschiff erspähen, das kleine und auch größere Seemannsherzen höherschlagen lässt. Ein weiteres Highlight für die älteren Kids oder auch Papas ist sicherlich die tolle Felsen-Kletterwand, die natürlich bis zum Gipfel erklommen werden muss. Verschiedene Schaukeln, Rutschen und ein Sandkasten runden das Angebot des ersten Spielplatzes ab. Nach einer ausgiebigen Erkundungspause lotsen wir die Minis, mit der Aussicht auf einen weiteren Spielplatz, weiter. Nach etwa 300

Metern erreichen wir den Ernst-Thissen-Isarsteg. Hier wenden wir uns nach rechts, gleich wieder links und wieder rechts und entdecken sogleich den Wegweiser Richtung Kalvarienberg. Diesem Weg folgen wir nun zuerst ein kurzes Stück steil bergan und dann am Hochufer der Isar entlang. Nach einer Weile kann man entweder geradeaus weiter auf der Straße zum nächsten Spielplatz gehen oder man geht noch links den Berg hinauf zum Kalvarienberg, von dem aus man eine herrliche Aussicht auf das uns zu Füßen liegende Bad Tölz, die Isar und einen Blick auf die Alpen hat. Lässt man nun die Kirche links liegen, geht man noch ein Stück die Straße entlang, bis wir rechts auf Treppen stoßen, die uns direkt zum nächsten Abenteuerspielplatz bringen. Ein Seilgarten, Rutschen, eine Vogelnest-Schaukel sowie eine Wassermatschanlage sind die Highlights dieses Spielplatzes. Nach einer erneuten ausgiebigen Spielpause gehen wir schließlich links an der Isar entlang bis zur Isarbrücke und treffen dort wieder auf den Hinweg.

Oben: »Schau mal, die Isar!«
Linke Seite: »Wo geht's jetzt lang?«

Kultur für Kids

Wie wäre es mit einem Besuch im Tölzer Marionettentheater?

26 Kirchsee

Ein See, ein Kloster und im Hintergrund die Berge

leicht | 4 km | 70 m | 1 Std.

Tourencharakter
Wander-/Waldweg; geeignet für Kraxe, Tuch, zu Fuß (ab 2–3 Jahren), für Kinderwagen bedingt geeignet, nicht für Laufrad geeignet

Anfahrt
A 8 München–Salzburg, Ausfahrt Holzkirchen, über die B 13 nach Sachsenkam, am Kloster Reutberg vorbei, links in die Kirchseestraße

Navigationsangabe
Kirchseestraße 5, 83679 Sachsenkam (GPS-Daten 47.821810, 11.624602)

Ausgangs-/Endpunkt
Parkplatz an der Kirchseestraße

Karte
Wanderkarte 1:50000, WK 182 Isarwinkel (Kompass)

Einkehr
Kiosk am Kirchsee

Wickelmöglichkeit
In der Natur oder am Kiosk

Information
Gemeinde Sachsenkam, Schulweg 7, 83679 Sachsenkam, Tel. 08021/7610, www.sachsenkam.de

Rechte Seite: Herbstwald am Kirchsee

Hinter dem Kloster Reutberg bei Sachsenkam verbirgt sich am Rande des Naturschutzgebietes Elbach- und Kirchseemoor ein Kleinod bayrischer Landschaft und zugleich einer der wärmsten Moorseen Bayerns. Drei Badestellen laden zum Planschen und Schwimmen ein.

Lina und Lotta: »Wir waren auf einem Ameisenberg, aber keinem echten.«

Die Entdeckungstour am Kirchsee beginnt beim Parkplatz zum Badesee. Achtung: An schönen, sonnigen Tagen kann es doch schnell überlaufen sein, da sich die Schönheit und Attraktivität des Sees bereits herumgesprochen hat. Aber auch an einem schönen Herbst- bzw. Wintertag kann man das Panorama des Kirchsees sehr gut genießen. Vom Park-

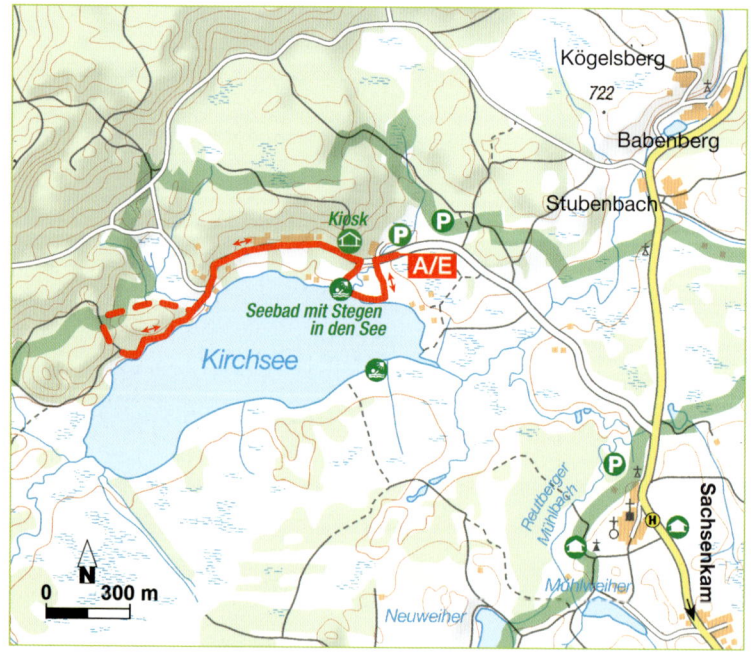

platz aus überqueren wir geradeaus die Straße und nehmen den linken Schotterweg zum See. Dieser Weg führt uns in einem kleinen Kreis am See entlang zum Kiosk, den man bereits vom Parkplatz aus sehen kann. Nach dieser kleinen Sightseeingtour am See entlang halten wir uns nach dem Kiosk auf der Schotterstraße links. Hier kommen wir an einigen Häusern vorbei, bis wir an der Abzweigung rechts wieder direkt an den See gelangen. Diesen gut ausgebauten Schotterweg gehen wir weiter, bis er von Bäumen überkront am Ufer entlangführt. Minis oder Eltern, die mit rollenden Gerätschaften (Laufrad, Kinderwagen) unterwegs sind, können nun den Weg beliebig weitergehen, drehen dann nach Bedarf wieder um und gelangen über denselben Weg wieder zurück zum Parkplatz. Wer eine kleine Abenteuertour machen möchte, biegt nach der Wasserwachthütte nach etwa 350 Metern in den zweiten Waldwirtschaftsweg rechts in den Wald ein. Dieser führt steinig und steil in den Wald hinein.

Nach etwa 50 Metern teilt sich der Weg. Wir nehmen hier den rechts abbiegenden und folgen dem Waldweg, der den Ameisenberg (er heißt wirklich so) umrundet. So kommen wir bei der Wasserwachthütte wieder ans Ufer und auf dem bekannten Rückweg zum Kiosk bzw. Ausgangspunkt zurück.

Oben: »Wie jetzt, wir dürfen nicht in den See?«
Linke Seite: Die Eule beißt nicht.

27 Naturerlebnispfad Weißach in Kreuth

Mit Kreuthi, der Gämse, die Weißach erkunden

leicht	7,2 km	60 m	1:30 Std.

Tourencharakter
Wanderweg; geeignet für Kraxe, Tuch, zu Fuß (ab 2–3 Jahren), für Kinderwagen und Laufrad geeignet

Anfahrt
A 8 München–Salzburg, Ausfahrt Holzkirchen, über die B 318 bis Gmund und weiter über die B 307 nach Kreuth, im Ort links zum Kurpark

Navigationsangabe
Mühlauerweg 1,
83708 Kreuth (GPS-Daten 47.644359, 11.747407)

Ausgangs-/Endpunkt
Parkplatz Riedlern

Karte
Wanderkarte 1:50000, WK 8 Tegernsee–Schliersee–Wendelstein (Kompass)

Einkehr
Gasthof Batznhäusl, Mühlauerweg 1, 83708 Kreuth, Mo Ruhetag, Tel. 08029/40 44 52

Wickelmöglichkeit
In der Natur oder im Gasthof

Information
Tourist-Info Kreuth, Nördliche Hauptstraße 3, 83708 Kreuth, Tel. 08029/99 79 08 0, www.kreuth.de

Rechte Seite: Papa erklärt den Ameisenhaufen.

Dieser Erlebnisweg ist gleichermaßen für Klein und Groß interessant. An über 20 interaktiven Stationen erklärt Kreuthi auf spielerische Weise das Landschaftsschutzgebiet der Weißachauen. Auf die Kleinen warten u.a. ein Wasser- und Kletterspielplatz, für die Erwachsenen gibt es Relax- und Erholungsplätze.

Das Schöne an dieser Tour ist, dass man sie in zwei verschiedenen Varianten gehen kann. Oder man teilt die Strecke in zwei Touren, da der komplette Weg mit über sieben Kilometern doch sehr viel Durchhaltevermögen von den Minis abverlangt. Parken kann man auch an den beiden südlichen Brücken. Da wir hier den kompletten Weg vorstellen, starten wir am Parkplatz Riedlern und laufen auf dem östlichen Dammweg flussabwärts Richtung Rottach-Egern. Schon bald werden die Minis den grünen Vorhang, sozusagen die Begrüßungs-Station, entdecken. Hier beginnen nun die verschiedenen Stationen des Erlebnispfads. Bei insgesamt 22 Stationen sparen wir uns die trockene Aufzählung. Der Wassererlebnisweg ist eine gute, abwechslungsreiche Mischung aus interaktiven und informativen Stationen zum Thema Wasser und Natur. Der Weg ist in einem sehr guten Zustand, sodass das Buggyschieben nicht zur Qual wird. Auch ist der Weg sehr eben, weshalb die Länge der Strecke (oder der abgekürzten Strecke) gut von den Minis zu bewältigen ist.

Lotta: »Ich fand die Wasserpumpe gut.«

Lina: »Der Kraxel-Parcours ist super.«

Nach etwa 1,6 Kilometern auf dem östlichen Uferweg erreichen wir die Pointerbrücke. Hier kann man nun entweder gleich die Brücke überqueren und auf dem westlichen Weg wieder zurück zum Ausgangspunkt gehen und hat dennoch schon eine stolze Strecke von 3,2 Kilometern geschafft. Oder man geht auf dem östlichen Weg weiter bis zur Pförner-Brücke. Die Stationen selbst verlaufen auf dem westlichen Weg schließlich flussaufwärts bis zur Pointer-Brücke. Ab dieser Brücke ist der Weg dann nur noch idyllisch am Weißbach gelegen. Bei uns wurde der Papa ab der Pförner-Brücke joggend vorgeschickt, um das Auto vom Parkplatz Riedlern zum Parkplatz an der Pointerbrücke (Abzweigung an der B 307 am Wertstoffhof) zu fahren. So konnten die Minis alle Stationen ablaufen, mussten dann aber das stationslose Endstück der Wanderung nicht absolvieren.

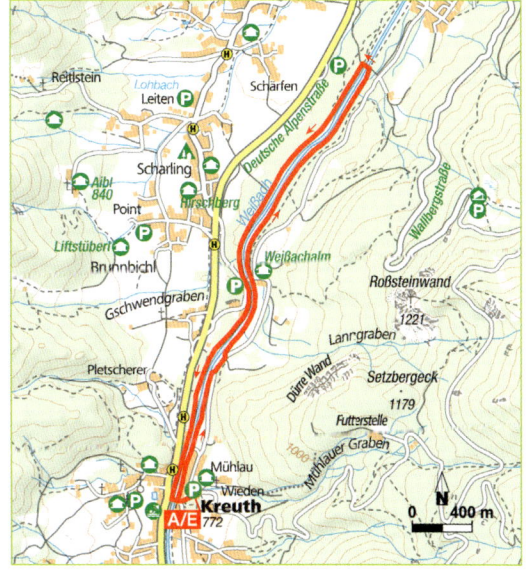

28 Tegernseer Höhenweg

Traumhafte Familientour mit tollen Ausblicken

| mittel | 4,5 km | 100 m | 1:15 Std. |

Tourencharakter
Teerstraße oder Wanderweg; geeignet für Kraxe, Tuch, zu Fuß (ab 3–4 Jahren), für Sportkinderwagen geeignet

Anfahrt
A 8 München–Salzburg, Ausfahrt Holzkirchen, über die B 318 bis Gmund am Tegernsee, am Strandbadkreisel Richtung Hausham, die erste Straße rechts abbiegen

Navigationsangabe
Gasse 29, 83703 Gmund am Tegernsee (GPS-Daten 47.737106, 11.750660)

Ausgangs-/Endpunkt
Wanderparkplatz Gasse

Karte
Wanderkarte 1:50000, WK 8 Tegernsee–Schliersee–Wendelstein (Kompass)

Einkehr
Oberbuchberger`s, Gasse 40a, 83703 Gmund am Tegernsee, Mo bis Mi Ruhetag, Tel. 08022/31 17

Wickelmöglichkeit
In der Natur; öffentliches WC Tegernsee/Rathaus oder Gmund/Seeglas

Information
Tourist-Info Tegernsee, Hauptstraße 2, 83684 Tegernsee, Tel. 08022/927 38 60, www.tegernsee.com

Der Tegernseer Höhenweg eignet sich bestens als Wanderung mit dem Kinderwagen bzw. als Wanderung mit den Kleinsten. Verlaufen kann man sich auf diesem Weg nicht, da man durchaus vielen Familien begegnen wird. Die Aussicht auf eine Schifffahrt über den Tegernsee rundet den Familienausflug perfekt ab.

Unsere kurzweilige Tour startet am Wanderparkplatz Gasse in Gmund. Wir wandern zunächst die Straße etwa 300 Meter süd-

lich, vorbei am Oberbuchberger's, einem urigen »Hofladen mit Verzehrbereich«, und biegen rechts bergab in den Buchbergweg. Diesem folgen wir und zweigen nach einem knappen halben Kilometer bei einem Gehöft links ab.

Nun haben wir schon den Tegernseer Höhenweg erreicht, von wo sich bereits erste wunderschöne Blicke auf den Tegernsee sowie das gegenüberliegende Ufer bieten. Sogar Lamas gibt es auf dem Weg zu entdecken. Wir folgen dem gut ausgebauten Höhenweg im leichten Auf und Ab durch den Wald, über eine kleine Brücke, bis wir uns in St. Quirin befinden. Durch die Häuser von St. Quirin folgen wir dem gut ausgeschilderten Höhenweg. Nun gehen wir weiter durch ein Waldstück mit Brücken und erhaschen ab und zu grandiose Ausblicke auf

Lina und Lotta: »Am besten war der Rückweg – mit dem Schiff.«

den Tegernsee. Bald erreichen wir den Ort Tegernsee. Hier kommt eine Abzweigung rechts in den Ort. Diesen Weg ignorieren wir und gehen einen kurzen, steilen Anstieg bergan. Der Anstieg ist nicht lang, und es kommt die nun wieder ausgeschilderte richtige Abzweigung nach rechts. Nach einem kurzen Abstieg erreichen wir schließlich den Ludwig-Gschosmann-Weg, dem wir nach links folgen. Diese Straße führt uns zum Bahnhof von Tegernsee. An diesem gehen wir vorbei und folgen der Bahnhofstraße in den Ort hinein, bis wir an den Alpbach treffen. Am Alpbach rechts entlang führt eine Gasse, die Rosenstraße, die uns bis zum See bringt. Zuvor müssen wir jedoch noch die Bundesstraße an einer Fußgängerampel passieren. Auf der anderen Straßenseite über-

Links: »Da waren wir.«

queren wir erneut den Alpbach und folgen diesem nun auf der linken Seite bis zur Strandpromenade von Tegernsee. Nach einer kurzen Rast wenden wir uns links auf der Schlosspromenade bis zur Schiffsanlegestelle Rathaus. Hier wartet wohl das Highlight dieser Tour schlechthin auf die Minis – die Schifffahrt von Tegernsee nach Gmund. In etwa 20 Minuten Fahrzeit verkürzt uns das Schiff den Rückweg ungemein. Wem es auf dem Schiff zu wackelig sein sollte, der kann auch bequem mit dem Bus zurückfahren. Angekommen an der Anlegestelle Gmund-Seeglas hat man nun zwei Optionen – das Strandbad besuchen und/oder am Abenteuerspielplatz direkt an der Seepromenade toben. Es könnte sich also durchaus als schwierig gestalten, die Minis zum Weitergehen zu bewegen. Bei uns war es Aufgabe der Papas, das Auto vom Parkplatz Gasse zu holen, damit die Kinder noch genügend Zeit zum Spielen haben. Dazu überquert man die B 307 und läuft die Kurstraße bergan, bis diese in die Gasse einmündet. Von dort aus sind es nur noch wenige Meter bis zum Ausgangspunkt.

Oben: Vier kleine Wandermäuse
Linke Seite: Tegernseer Höhenweg

29 Alm-Hopping in den Bergen

Eine Alm jagt die nächste

| mittel | 2 km | 150 m | 50 Min. |

Tourencharakter
Forststraße, Wanderweg; geeignet für Kraxe, Tuch, zu Fuß (ab 3–4 Jahren), für Kinderwagen bedingt geeignet, nicht für Laufrad geeignet

Anfahrt
A 8 München–Salzburg, Ausfahrt Holzkirchen, Richtung Rottach-Egern, im Ort links abbiegen in die Ludwig-Thoma-Straße, diese mündet geradeaus in die Valepper Straße. Achtung: 2 € Maut

Navigationsangabe
Sutten 42A, 83700 Rottach-Egern (GPS-Daten 47.652573, 11.834298)

Ausgangs-/Endpunkt
Parkplatz hinter der Moni-Alm

Karte
Wanderkarte 1:50 000, WK 8 Tegernsee–Schliersee–Wendelstein (Kompass)

Einkehr
Hafner-, Lukas- und/oder Moni-Alm

Wickelmöglichkeit
In der Natur oder in den Almen

Information
Tourist-Info Rottach-Egern, Nördliche Hauptstraße 9, 83700 Rottach-Egern, Tel. 08022/67 31 00, www.rottach-egern.de

Drei Almen in einer knappen Stunde? Genau das ist im Spitzingseegebiet, genauer gesagt im Sutten-Gebiet tatsächlich möglich. Je nach Einkehrverweildauer kann sich diese Tour dementsprechend verlängern. Die Almen locken mit vielen Tieren, leckeren Kuchen und deftigen Brotzeiten.

Wir starten unsere Alm-Hopping-Tour am Parkplatz direkt hinter der Moni-Alm. Von hier aus spazieren wir ein kurzes Stück die Mautstraße nach Valepp bzw. auf dem geschotterten Fußweg neben der Straße entlang, vorbei am Langlauf-Haus, bis wir auf die Abzweigung links in den Wald hinein zur Hafner-Alm treffen. Ein großes Schild informiert dort über die täglichen Spezialitäten der Alm sowie über bevorstehende Veranstaltungen. Nun steht uns ein etwas steileres Stück Weg bevor, doch mit der Aussicht auf leckeren Kaiserschmarrn, ein Schnitzel oder den hauseigenen »Zoo« der Alm (der hauptsächlich im Sommer anzutreffen ist) schaffen die Minis den Aufstieg sicher. Nach etwa 400 Metern erreichen wir den Parkplatz der Hafner-Alm, von dem aus die Alm auch schon sichtbar ist. Nun trennen uns lediglich noch 100 Meter von unserem ersten Ziel, die nochmals über einen kurzen Steig bergauf gehen. Oben angekommen, wird es für die Minis kein Halten mehr geben, denn die zahlreichen tierischen Alm-Bewohner wollen alle genauestens unter die Lupe genommen werden. Es könnte sich daher möglicherweise als schwierig gestalten, die Kids von der Hafner-Alm wegzulotsen – doch die Lukas-Alm ist in nur etwa zehn Minuten zu erreichen. Hierzu gehen wir

Lotta: »Hier gibt es leckeren Kuchen.«

Lina: »Die Hasen sind süß.«

Hühnerstall an der Hafneralm
Unten: »So groß bin ich schon.«

oberhalb der Hafner-Alm den Weg links hinauf weiter, bis wir eine Weggabelung erreichen.
Dort folgen wir der Beschilderung erneut nach
links und erreichen nach etwa 400 Metern die
Lukas-Alm. Nach einer (weiteren) Einkehr (die
Buttermilch ist sehr zu empfehlen) führt der Weg
zur Moni-Alm bzw. zum Ausgangspunkt links
äußerst steil bergab.

Rasant zu Tal

Rodelspaß im Winter – von der
Hafner-Alm runtersausen!

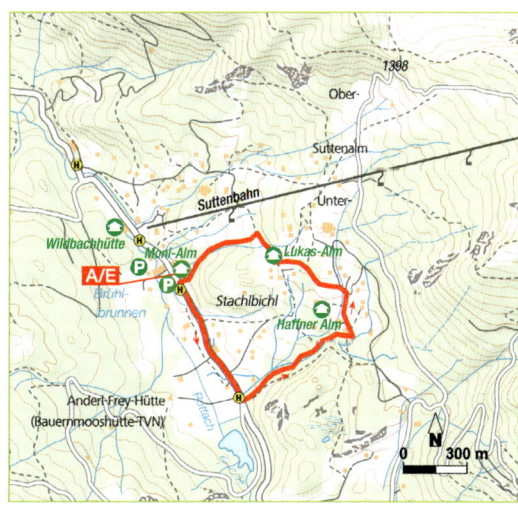

30 Valley – an der Mangfall entlang

Kamele in einem oberbayerischen Wald

mittel | 3,8 km | 100 m | 1:30 Std.

Tourencharakter
Forststraße oder Waldweg; geeignet für Kraxe, Tuch, zu Fuß (ab 3–4 Jahren), nicht für Kinderwagen und Laufrad geeignet

Anfahrt
A 8 München–Salzburg, Ausfahrt Weyarn, Richtung Weyarn/Miesbach, beim ersten Kreisel erste Ausfahrt Richtung Valley, an Valley vorbei Richtung Hohendilching und dort in den Ort fahren

Navigationsangabe
Hohendilching 12, 83626 Valley (GPS-Daten 47.909830, 11.780747)

Ausgangs-/Endpunkt
Parkplatz an der Kirche Hohendilching

Karte
Wanderkarte 1:50000, WK 8 Tegernsee–Schliersee–Wendelstein (Kompass)

Einkehr
Gasthof Vordermaier, Hohendilching 12, 83636 Valley, Tel. 08024/30 37 60

Wickelmöglichkeit
In der Natur

Information
Gemeinde Valley, Pfarrweg 1, 83626 Valley, Tel. 08024/47 73 40, www.gemeinde-valley.de

Es gibt noch unentdeckte Orte im Voralpenland: Valley mit dem Mangfallknie ist einer davon. Dieser Ort hat sich vor allem auch wegen seiner Unzugänglichkeit seine Ursprünglichkeit bewahrt. Der Skulpturenpark ist noch ein Sahnehäubchen am Schluss der Tour.

Diese Tour beginnen wir an der Kirche oder am Gasthaus in Hohendilching. Wir gehen am Gasthaus vorbei Richtung Norden geradeaus zwischen den Häusern in den Wald. Die Straße wird bereits im Dorf zu einer Schotterstraße. Dieser folgen wir nun immer weiter in den Wald. Wo sich der Weg aufteilt, halten wir uns rechts und gehen diesen Weg nun immer weiter. Hier entdecken wir nun bereits Hinweise, dass auf dieser Strecke öfters Kamele entlanggehen. Mit etwas Glück begegnen wir diesen Tieren auch, da hier die Ausrittstrecke entlangführt (www. bayern-kamele.de). Dem Waldweg folgen wir nun, bis er zwischen zwei kleinen Weihern auf eine T-Kreuzung trifft. Hier wenden wir uns nach rechts, bis dieser Weg an diversen Kamel-

Lotta: »Wir haben echte Kamele gesehen.«

Feenweiher im Mangfalltal

haltestellen vorbei in einer Teerstraße endet. Dieser folgen wir rechts bergab bis zur Mangfallbrücke. Nach der Brücke wandern wir rechts die Straße entlang. Im Talgrund laufen wir weiter und wenden uns rechts, wenn sich die Teerstraße erneut aufteilt.

Lina: »Am Ende ist ein Park mit vielen Skulpturen.«

Nach einem kurzen Stück erreichen wir einen Weiler, an dem wir links auf den Waldweg wechseln. Auf diesem halten wir uns immer rechts, möglichst nahe an der Mangfall. Dieser Waldweg ist teilweise sehr matschig, daher sollte man feste Schuhe anziehen. Bald geht der Weg auch ganz runter an die Mangfall, und wir erreichen schließlich eine Brücke, die wir wieder rechts überqueren. Direkt nach der Brücke beginnt die Skulpturenlichtung, die zum Verweilen, Staunen und Spielen einlädt. Nachdem man hier alle Skulpturen ausgiebig gewürdigt hat, geht man nun die Straße steil bergan, biegt bei der Kreuzung rechts ab und ist schon wieder fast am Ausgangspunkt zurück.

Einkehr

Besuchen Sie doch die Mangfalltal-Alm in Kleinhöhenkirchen!

Auf der Mangfallbrücke

Abspann

Zu Weihnachten stellte sich uns wieder einmal die Frage: Schreiben wir tatsächlich noch ein weiteres Wanderbuch für Minis? Unsere Mädels mussten wir nicht lange fragen – beide waren sofort dafür, zumal die Aussicht auf die neue Region mit der Zugspitze sehr reizvoll war. Daher lautete die Antwort unserer Mädels: »Wir wollen – weil das Wandern so Spaß macht und wir immer tolle Wege entdecken.«

Natürlich bedanken wir uns auch diese Mal wieder bei unseren Freunden, die mit uns das Werdenfelser Land und das Karwendelgebiet erkundet haben. Oftmals durften/mussten sie wieder längere Autofahrten oder leicht quengelnde Kinder in Kauf nehmen, um mit uns auf Tour zu gehen.

In erster Linie danken wir erneut unseren Minis, den Freunden und Freundinnen unserer Mädels: Hannah, Ida H., Ida R., Josephine, Korbinian, Lea, Lisa, Max, Paula und Sophia – aber auch Schnucki und Gerti. Mit euch gemeinsam auf Entdeckungstour zu gehen, macht gleich viel mehr Spaß! Erstens, weil es dann mehr zu entdecken gibt, und weil zweitens die besten Motivatoren auf langen Touren oder gleichförmigen Wegstrecken immer noch andere Kinder sind.

An dieser Stelle wollen wir uns natürlich auch bei unseren Lesern bedanken. Das tolle Feedback von anderen Eltern oder Großeltern, die schon mit unseren anderen beiden Büchern (Tegernsee bis Chiemgau und Chiemgau bis Berchtesgadener Land) gewandert sind. Dies freut uns natürlich sehr und hat uns zudem die Motivation gegeben, noch ein weiteres Buch zu schreiben.

Wir hoffen, Sie haben mit diesem Band genauso viel Spaß wie wir beim Wandern und Schreiben.

Ihre Familie Lurz

Dominique und Martin Lurz

Register

Ebenfalls erhältlich ...

ISBN 978-3-86246-384-8

ISBN 978-3-7658-4307-5

ISBN 978-3-86246-383-1

ISBN 978-3-86246-151-6

www.j-berg-verlag.de

Impressum

Verantwortlich: Susanne Kaufmann
Lektorat: Christian Schneider
Layout und Illustration: Eva-Maria Klaffenböck
Repro: Cromika
Kartografie: Bruckmann Verlag GmbH, Heidi Schmalfuß
Herstellung: Miriam Tönnes
Printed in Slovenia by Florjancic

★ ★ ★ ★ ★

Sind Sie mit diesem Titel zufrieden? Dann würden wir uns über Ihre Weiterempfehlung freuen. Erzählen Sie es im Freundeskreis, berichten Sie Ihrem Buchhändler oder bewerten Sie bei Onlinekauf. Und wenn Sie Kritik, Korrekturen, Aktualisierungen haben, freuen wir uns über Ihre Nachricht an den J. Berg Verlag, Postfach 40 02 09, D-80702 München oder per E-Mail an lektorat@verlagshaus.de.

Unser komplettes Programm finden Sie unter  www.j-berg-verlag.de

Alle Angaben dieses Werkes wurden von den Autoren sorgfältig recherchiert und auf den neuesten Stand gebracht sowie vom Verlag geprüft. Für die Richtigkeit der Angaben kann jedoch keine Haftung übernommen werden, weshalb die Nutzung auf eigene Gefahr erfolgt. Insbesondere bei GPS-Daten können Abweichungen nicht ausgeschlossen werden.

Autorenempfehlung
Sie sind auf der Suche nach weiterführender Literatur? Dann empfehlen wir Ihnen den Titel »Die schönsten Wanderungen mit dem Kinderwagen in den Bayerischen Hausbergen« von Robert Theml. Oder Sie werfen einen Blick in die Zeitschrift »Der Bergsteiger«. Hier werden Sie bestimmt fündig.
Ihre Dominique und Martin Lurz

Bildnachweis: Alle Bilder im Innenteil und auf dem Umschlag stammen von den Autoren.
Umschlagvorderseite: Rast an der Linder!
Umschlagrückseite: Sonnenbaden auf dem Steinkreis am Lautersee

Die Deutsche Nationalbibliothek verzeichnet diese Publikation in der Deutschen Nationalbibliografie; detaillierte bibliografische Daten sind im Internet über http://dnb.d-nb.de abrufbar.

© 2017 J. Berg Verlag in der Bruckmann Verlag GmbH, München
ISBN 978-3-86246-552-1